O Valor da Inovação
CRIAR O FUTURO DO SISTEMA DE SAÚDE

O Valor da Inovação
CRIAR O FUTURO DO SISTEMA DE SAÚDE

2015

Casimiro Cavaco Dias

O VALOR DA INOVAÇÃO
CRIAR O FUTURO DO SISTEMA DE SAÚDE
AUTOR
Casimiro Cavaco Dias
EDITOR
EDIÇÕES ALMEDINA, S.A.
Rua Fernandes Tomás, nºs 76-80
3000-167 Coimbra
Tel.: 239 851 904 · Fax: 239 851 901
www.almedina.net · editora@almedina.net
DESIGN DE CAPA
FBA.
PRÉ-IMPRESSÃO
EDIÇÕES ALMEDINA, SA
IMPRESSÃO E ACABAMENTO
ARTIPOL - ARTES TIPOGRÁFICAS, LDA.
Setembro, 2015
DEPÓSITO LEGAL
397735/15

Apesar do cuidado e rigor colocados na elaboração da presente obra, devem os diplomas legais dela constantes ser sempre objeto de confirmação com as publicações oficiais.
Toda a reprodução desta obra, por fotocópia ou outro qualquer processo, sem prévia autorização escrita do Editor, é ilícita e passível de procedimento judicial contra o infrator.

 GRUPOALMEDINA

BIBLIOTECA NACIONAL DE PORTUGAL – CATALOGAÇÃO NA PUBLICAÇÃO
DIAS, Casimiro Cavaco
O valor da inovação : criar o
futuro do sistema de saúde
ISBN 978-972-40-6166-5
CDU   614

There's a way to do it better – find it.

Thomas A. Edison

AGRADECIMENTOS

Os agradecimentos pela colaboração no desenvolvimento do estudo são dirigidos a Adalberto Campos Fernandes, Ana Paula Fernandes, António Caetano, Cristina Mesquita, Daniel Ferro, Graciete Dias, Hugo Meireles, Jesper Lindgaard Christensen, Jorge Correia Jesuíno, José Adão, Josip Car, Manuel António Leitão da Silva, Manuel Delgado, Manuel Schiappa, Margarida Bajanca, Margarida Eiras, Maria do Céu Valente, Maria João Amaral, Maria Ruseva, Paula Ferreira de Sousa, Pedro Lopes, Ricardo Luz e Teresa Sustelo.

Um agradecimento especial pela inspiração e estímulo para entrar no mundo da inovação e do empreendorismo público: Ana Escoval e Constantino Sakellarides.

E a todos os que criam, todos os dias, o futuro do sistema de saúde em Portugal.

PREFÁCIO

Este livro oferece-nos uma síntese rigorosa, bem composta e fácil de apreender sobre a inovação em saúde, a partir de um estudo empírico de organizações hospitalares em Portugal. A pergunta, evidente, é: como investir para fazer de forma diferente, com a promessa de melhores resultados, em vez de gastarmos mais, fazendo da mesma forma, indiferentes aos resultados? A resposta passa por ver a inovação em saúde mais como um processo do que como um produto, mais como alguma coisa de vocação sistémica do que algo insular, peça só, desprovida de qualquer ambição ecológica. É criar valor na saúde (coisas que as pessoas querem ou querem que aconteçam, porque percebem que produzem bem-estar), mas também mais economia e capital humano.

Menos evidente à vista desarmada, é, no entanto, o facto de o conteúdo deste livro ilustrar bem o trajeto de vida do autor. Casimiro Dias decidiu franquear as fronteiras do serviço hospitalar onde exerce atividades assistenciais. Atreveu-se a olhar de forma diferente para um dia a dia que conhecia bem. Decidiu acrescentar à visão do mundo visto a partir do hospital, a do hospital como parte integrante de uma realidade mais ampla, complexa e inquietante.

O autor logo entendeu que teria de começar a equipar-se para a longa viagem que se pronunciava. Veio à Escola. Não para que lhe ensinassem. Veio aprender a selecionar, com critério, o equipamento necessário para a caminhada prevista. E aprendeu bem. Desde estes primeiros passos, não se destinou ao conforto de uma excursão teórica sobre novas ideias que circulam. Antes, propôs-se construir um trajeto muito pessoal, de maneira a compreender o que faz mexer os sistemas de saúde dos nossos dias: um percurso simultaneamente intelectual, existencial, afetivo e revelador.

Parece óbvio que cada novo Bojador que lhe foi necessário dobrar revelou-lhe novos horizontes tão irresistíveis como incertos. Frequentemente, quem se arrisca a franquear fronteiras toma-lhe o gosto e a coragem. É necessário sair do país para o conhecer melhor: espreitar oportunidades e não as perder, sabendo de antemão que, para um português, como para um espanhol, italiano ou grego, é necessário fazer o dobro do que aquilo que se exige aos de melhor reputação, para chegar à linha da frente. E, fazendo o dobro, o autor conheceu a Europa, a da saúde e a outra, a partir da sede regional para a Europa da Organização Mundial de Saúde, onde trabalhou alguns anos. Recentemente, pôs-se de novo em movimento, como já se adivinhava: trocou o frio conforto de Copenhaga pelo bulício desafiante de Luanda.

Neste livro, Casimiro Dias volta ao hospital. Convida-nos a querer saber porque é que alguns hospitais, e não outros, se desenvolvem organizacionalmente, se tornam mais adaptativos, inovam, evoluem na sua relação com o meio que os rodeia e melhoram continuamente o seu desempenho. Como seria de esperar, o autor não voltou circularmente ao ponto de partida. Agora, o hospital já aparece como parte integrante do conjunto de inter-relações que definem o sistema de saúde. Este deixou de ser uma simples construção teórica. Passou a existir operacionalmente, centrado nas pessoas que o habitam. E assim, inteligentemente, Casimiro Dias, reencontrou as pessoas, muitas vezes invisíveis nas grandes abstração da saúde internacional e nacional.

Desta forma, de algum modo, superou também aquela estranha fórmula para a análise do desempenho das instituições de saúde, onde as pessoas (aquilo que sabem, o que sentem, aquilo de que são capazes e o que querem) estão, na melhor das hipóteses, subentendidas, sem grande escândalo, em expressões como "recursos", "organização" ou "gestão", ou mesmo "inovação".

O Valor da Inovação proporciona-nos não só uma visão sistémica da inovação, mas também o ponto de partida para uma compreensão dinâmica do sistema de saúde, principalmente através de duas noções complementares:

- O processo de cuidados de saúde, percebido como o trajeto das pessoas através das organizações de saúde, entendido como uma "cadeia de valor";
- A cadeia de valor da inovação em saúde, que deixou de poder reduzir-se a um avanço tecnológico que "entrou de uma vez para

sempre", para passar a ser um processo circular em que a valorização inicialmente atribuída é continuamente revista face aos resultados observados, e também como resposta à maior capacidade de desenvolver cuidados de saúde com um maior grau de individualização ou precisão.

Pressinto que, a breve trecho, será possível expandir esta conceção dinâmica dos sistema de saúde, acrescentando a estes dois trajetos pelo menos outros dois:

- A saúde ao longo do ciclo vital, trajeto feito de processos cumulativos e interdependências, que ajuda a olhar para as circunstâncias de cada geração de uma forma integrada, cooperativa e não competitiva;
- O caminho da cidadania em saúde, em duas dimensões: a evolução das pessoas da saúde prescrita para a decisão partilhada e o envolvimento deliberativo, passando pelo acesso e auto-organização da informação e pela promoção da literacia em saúde; as profissões da saúde a convergirem para a democratização da saúde, na medida em que contribuem para reconfigurar as organizações de saúde, de forma a aproximá-las dos interesses e das aspirações das pessoas.

Os bons livros não se limitam a arrumar, mais ou menos elegantemente, aquilo que se sabe. Desinquietam-nos quanto ao futuro. Este é um bom livro.

CONSTANTINO SAKELLARIDES

Introdução

Assistimos hoje a um crescente debate sobre a sustentabilidade dos sistemas de saúde em Portugal e na Europa. As transições demográficas e epidemiológicas atuais, marcadas pelo rápido envelhecimento da população e pelo peso crescente das doenças crónicas, têm sido objeto de análise para pensar o futuro dos sistemas de saúde. Cerca de 40 % da população, ou mais de 100 milhões de europeus acima dos 15 anos, apresentam doença crónica (WHO, 2013a). Estima-se ainda que as doenças crónicas correspondem a 85 % da carga da doença e a mais de 70 % dos custos em saúde, exigindo modelos de cuidados de saúde necessariamente diferentes para responder às novas necessidades de saúde da população (UN, 2011; WHO, 2013a).

Os novos desenvolvimentos tecnológicos trouxeram novas oportunidades para se alcançarem melhorias na saúde, mas também uma crescente pressão para os sistemas de saúde assegurarem a sua utilização eficiente. Contudo, foi a crise financeira e económica atual que tornou urgente a discussão sobre a sustentabilidade dos sistemas de saúde. O foco do debate deslocou-se do futuro do sistema de saúde nos próximos trinta anos para o seu presente imediato. De facto, esta crise financeira tem sido descrita como um "choque" para os sistemas de saúde. Tal choque traduz-se, de forma inesperada e simultânea, no aumento da procura de serviços de saúde e na diminuição dos recursos disponíveis.

Impacto da crise económica

Os dados de crises anteriores revelam que estes choques económicos têm consequências importantes ao nível do desempenho do sistema da saúde: aumentam as necessidades de cuidados de saúde, assiste-se ao aumento da pressão financeira numa altura em que a procura aumenta; por último, as crises económicas afetam sobretudo os grupos mais vulneráveis da população, nomeadamente o número crescente de desempregados (Morgan e Astolfi, 2013; WHO, 2013b).

Apesar das ameaças significativas associadas a este choque, é possível criar oportunidades para responder às fragilidades de desempenho do sistema, assim como introduzir as inovações necessárias. Contudo, a capacidade do sistema de saúde para responder de forma efetiva pode estar comprometida pela falta de recursos ou de apoio político.

Na resposta à crise económica e financeira, os países europeus utilizaram uma combinação de instrumentos políticos. Na sua maioria, os países utilizaram a crise para promover ganhos de eficiência, sobretudo nos sectores hospitalar e farmacêutico. Em contrapartida, assistiu-se a um défice de iniciativas para criar valor através da promoção da saúde e da prevenção da doença. Dadas a principais razões para as despesas de saúde crescentes, é improvável que o foco apenas em melhorias de eficiência dos serviços assegure a sustentabilidade do sistema de saúde (WHO, 2013b). Deste modo, é essencial aproveitar as oportunidades do lado da procura e assegurar que as pessoas e as comunidades se mantêm saudáveis, através da promoção da saúde e da prevenção da doença. Mas, na verdade, 97 % do orçamento da saúde dos países europeus é destinado ao diagnóstico e tratamento de doenças, ao passo que apenas 3 % é investido em prevenção (WHO, 2012).

Quando a solução de curto prazo passa por reduzir gastos públicos em saúde, a ênfase das políticas de saúde deve assentar na minimização dos efeitos adversos sobre o desempenho do sistema de saúde, através de reformas que melhoram a eficiência e o valor a longo prazo. Os resultados da análise da Organização Mundial de Saúde (OMS) sobre o impacto da crise económica revelam que os sistemas com melhores níveis de desempenho são igualmente os mais resilientes em tempos de crise. Estes sistemas tendem a apresentar maior capacidade de inovação, o que, por sua vez, assegura a resiliência necessária face a possíveis cortes no orçamento da saúde (WHO, 2013b).

A partir da experiência dos países europeus, destacam-se quatro princípios importantes para promover a sustentabilidade dos sistemas de saúde: assegurar que as alterações introduzidas não contribuem para o aumento das desigualdades sociais; reforçar os cuidados de saúde primários; estimular a cooperação intersectorial para a promoção da saúde; assim como criar inovação, tirando o máximo potencial das novas tecnologias, das novas estruturas e dos processos de organização do sistema de saúde.

Nos próximos anos, com ou sem crise, os sistemas de saúde terão de ser capazes de se adaptar e aplicar soluções inovadoras, no sentido de enfrentarem os novos desafios. Isto contribuirá para melhorar o desempenho, bem como para criar e manter a resiliência destes sistemas.

O valor da inovação em saúde

Em Portugal, as conquistas e os avanços em saúde são uma história de sucesso nos últimos trinta anos. As pessoas vivem mais tempo e mais saudáveis. A esperança de vida ao nascer aumentou nove anos em trinta anos, ao passo que o produto interno bruto (PIB) duplicou. As taxas de mortalidade para algumas doenças específicas têm diminuído significativamente desde 2000. Em particular, a mortalidade causada por doenças do aparelho circulatório, por doença cardíaca isquémica, por acidente vascular cerebral e por acidentes de viação caiu substancialmente. Mais surpreendente, as taxas de mortalidade perinatal e infantil passaram dos piores para os melhores valores da União Europeia entre 1980 e 2007 (WHO, 2010a). A análise multivariada das séries temporais destes indicadores de mortalidade revela que a decisão de basear a política de saúde nos cuidados de saúde primários teve um papel central na redução da mortalidade materna e infantil, ao passo que a redução da mortalidade perinatal esteve associada a uma extensa reorganização da rede hospitalar (WHO, 2008).

Não obstante, permanecem alguns resultados preocupantes. Os indicadores de morbilidade, como sejam a autoavaliação do estado de saúde e a esperança de vida sem incapacidade, não têm melhorado de forma semelhante. Também não se verificam reduções significativas no consumo de tabaco, dado a que redução de consumo entre os homens foi compensada pelo aumento de consumo entre as mulheres. O mesmo se verifica em relação à prevalência da obesidade, sobretudo infantil, com aumentos significativos nos últimos anos (WHO, 2010b).

O sistema de saúde atual é o resultado de uma evolução gradual desde a sua criação (Simões, 2009). Contudo, os novos desafios e oportunidades para melhorar a saúde de forma sustentável requerem a consolidação destes ganhos em saúde através da promoção de inovação.

A inovação, definida mais amplamente, como novas tecnologias e novos processos e estruturas organizacionais, é a única forma de o sistema de saúde poder responder às necessidades de saúde sem racionalizar serviços ou aumentar de forma dramática os custos. Sem avanços e melhorias significativas em termos de diagnóstico, tratamento, prevenção e gestão da doença, as tendências atuais de envelhecimento da população e o peso crescente das doenças crónicas assegurarão o aumento drástico dos custos em saúde e da incapacidade de os serviços lidarem com a procura crescente nos anos que se seguirão.

Nas últimas décadas, assistiu-se a um progresso impressionante em termos de opções de diagnóstico e tratamento médico assente nos investimentos em ciência e tecnologia. No entanto, a adoção de novas tecnologias tem sido também apontada como um fator principal do crescimento das despesas em saúde. As estimativas alertam para o facto de que as novas tecnologias contribuem entre 38 % a 65 % para o crescimento da despesas em saúde (Robert Wood Johnson Foundation, 2011).

O foco da análise do sistema de saúde orientado apenas para os custos não permite compreender o valor real da inovação. Embora os custos façam parte do debate sobre o sistema de saúde, estes devem ser considerados no contexto dos benefícios que acrescentam.

Assim, este livro procura a resposta para uma pergunta básica que permanece ignorada no debate atual: Será que os investimentos atuais em saúde acrescentam valor? Será que os resultados alcançados compensam os custos? Estudos anteriores sugerem que a resposta a esta pergunta é afirmativa. Por exemplo, uma investigação nos Estados Unidos da América revela que, sem as melhorias de saúde alcançadas e os investimentos a elas associados, teriam sido gastos menos 643 mil milhões de dólares em cuidados de saúde em 2000. Contudo, esse investimento permitiu evitar 470 mil mortes, 2,3 milhões de pessoas com incapacidade e 206 milhões de dias em internamento (Luce *et al.*, 2006). Uma análise mais abrangente dos investimentos em saúde permite deslocar o centro do debate sobre o sistema de saúde para a criação de valor, em vez do foco habitual limitado pela redução de custos.

Portanto, a inovação não é o problema, mas a solução para criar valor em saúde. O problema reside no facto de os sistemas de saúde terem mantido modelos de serviços do século passado, apesar dos avanços científicos e tecnológicos. Torna-se necessário alargar o campo de inovação em saúde, além da perspetiva tradicional de novos métodos de diagnóstico, medicamentos ou dispositivos médicos. A inovação deve ser utilizada também para aproveitar as oportunidades em áreas subdesenvolvidas, como os comportamentos saudáveis e de utilização racional de serviços de saúde, assim como para criar novos modelos de serviços de saúde centrados na pessoa e mais próximos da comunidade.

A natureza da inovação em saúde

Os resultados apresentados neste livro revelam a nova natureza da inovação em saúde. As novas tecnologias sempre desempenharam um papel central no desenvolvimento de inovação. No entanto, hoje existem novos motores de inovação cada vez mais importantes. Estas mudanças traduzem-se em inovações mais abertas e centradas na pessoa. Por sua vez, a abertura do processo de inovação passa pelo maior envolvimento dos serviços de saúde em redes de cooperação cada vez mais dinâmicas e capazes de reunir os recursos e conhecimentos necessários. Além da dimensão nacional, os inovadores irão também aceder ao conhecimento global e combiná-lo numa escala nunca antes vista. E os serviços de saúde estão mais próximos dos cidadãos através do seu envolvimento enquanto coprodutores de inovação (Powell e Grodal, 2005).

A melhoria do desempenho depende de objetivos partilhados que tenham a capacidade de unir os diferentes parceiros. Os diferentes atores do sistema de saúde têm objetivos específicos, muitas vezes conflituosos entre si, inclusive no que se refere ao acesso e à qualidade dos serviços, ao controlo de custos e à satisfação dos seus utilizadores. A falta de clareza em relação aos objetivos centrais do sistema de saúde tem conduzido naturalmente a perspetivas divergentes que atrasam o progresso na melhoria de desempenho.

Este estudo indica que a finalidade última do sistema de saúde corresponde a assegurar valor elevado para os utilizadores de serviços e os cidadãos. Aqui, o valor é definido como os resultados em saúde atingidos por cada euro investido. Estudos anteriores sugerem, por exemplo, que os investimentos em inovação em quatro áreas de cuidados de saúde, nomeadamente o tratamento do enfarto agudo do miocárdio, da diabetes, do acidente vascular-cerebral e do cancro da mama, resultaram em retornos de 1,1 a 3,8 dólares por cada dólar investido (Luce *et al.*, 2006).

O valor é o que realmente interessa às pessoas, reunindo os interesses comuns de todos os atores do sistema de saúde. Se a inovação traz valor, os cidadãos, os profissionais de saúde, os financiadores e as empresas de tecnologia podem beneficiar do seu impacto, assegurando em simultâneo a sustentabilidade económica do sistema de saúde.

Contudo, as abordagens atuais de avaliação de custos constituem uma barreira à criação de valor em saúde e originam medidas de controlo de custos que são ineficientes e por vezes contraprodutivas. Hoje, as organizações de saúde acumulam custos por especialidades e departamentos médicos, ignorando os resultados em saúde. Os custos e resultados devem ser avaliados em torno da pessoa e do utilizador dos serviços. Medir os custos e os resultados ao longo do ciclo de cuidados de saúde permitirá uma redução de custos estruturais através da realocação de despesas em serviços mais eficientes, da eliminação de serviços duplicados que não acrescentam valor, da melhor utilização da capacidade instalada, assim como da promoção de serviços a um nível mais adequado e mais próximo do cidadão.

Na verdade, a melhor abordagem para reduzir custos passa muitas vezes por aumentar despesas em determinados serviços mais eficientes que possam reduzir as necessidades de outros serviços de menor valor. Os dados indicam claramente que os investimentos crescentes na prevenção de doença e nos cuidados de saúde primários podem reduzir a pressão crescente sobre os serviços de urgência, muito mais dispendiosos.

Criar o futuro do sistema de saúde
A discussão sobre a sustentabilidade do sistema de saúde torna-se oportuna no sentido de assegurar que as prioridades de curto prazo não afetam o valor dos serviços a longo prazo. Olhar para o futuro permite melhorar a tomada de decisões no presente. Qualquer perspetiva a longo prazo prevê um espaço de diálogo e discussão desprovido das restrições e dos interesses imediatos atuais, de modo a concentrar-se no que realmente importa nos próximos cinco ou dez anos. A questão central é: como serão os sistemas de saúde em 2020?

A análise de sistemas de saúde em diferentes países da Europa revela pontos consensuais na resposta a esta questão. A criação de um sistema de saúde sustentável requer a sua reorientação para os resultados e o seu valor, assim como o envolvimento de um conjunto cada vez mais amplo de atores numa estrutura de governação efetiva, focada em particular nos cidadãos e utilizadores de serviços (World Economic Forum, 2013).

Dadas as principais razões para as despesas de saúde crescentes, é improvável que o foco apenas nas melhorias de eficiência de serviços assegure a sustentabilidade do sistema de saúde. Em vez disso, torna-se necessário olhar para fora das tradicionais fronteiras institucionais e sectoriais, para um sistema de saúde mais amplo, que emerge ao longo deste livro.

Importa salientar a diferença conceptual entre "sistema de cuidados de saúde" e "sistema de saúde", que está presente ao longo do livro. Apesar de serem frequentemente utilizados como sinónimos, é feita aqui uma importante distinção entre os dois. O sistema de cuidados de saúde descreve as instituições e atores envolvidos na prestação de serviços de saúde. As atividades do sistema de cuidados de saúde centram-se quase exclusivamente do lado da oferta. Em contrapartida, o sistema de saúde envolve uma gama mais ampla de atores além do tradicional sector da saúde. Inclui atores que influenciam direta ou indiretamente a saúde da população, como, por exemplo, as escolas, as universidades e a indústria. Deste modo, o sistema de saúde apresenta um foco mais equilibrado em termos da oferta e procura, com particular destaque para a promoção da saúde e a prevenção da doença através do envolvimento de todos os sectores da sociedade. Ao alargar os limites do sistema de saúde, passamos a incluir um ecossistema mais amplo de influências sobre a saúde, com importantes oportunidades do lado da procura. Esta perspetiva permite também questionar a forma como a governação é organizada e como apoia os desafios da sociedade atual.

Uma perspetiva sistémica da inovação em saúde

Os fatores contextuais, as características do sistema de saúde e as suas organizações interagem entre si no sentido de influenciar a capacidade de inovação, assim como a rapidez e o alcance da adoção e difusão desta. Um desafio central é compreender como as inovações, inclusive novas políticas e organizações, novos serviços, conhecimentos e tecnologias, podem ser introduzidas, de forma efetiva, nos sistemas de saúde.

Importa ainda perceber como essas inovações interagem com o sistema de saúde e influenciam melhores resultados.

Há dados de investigações anteriores em relação ao que pode favorecer a criação de novas ideias, novas tecnologias e novos serviços de saúde. No entanto, o conhecimento acerca de como a inovação contribui para a transformação dos sistemas de saúde é limitado (Greenhalgh *et al.*, 2004).

Uma análise simplista e linear da inovação em saúde resulta na ignorância dos seus principais motores, o que pode originar consequências imprevistas e resistência à mudança. A melhor forma de evitar a resistência a políticas de mudança corresponde a olhar para todos os elementos em interação no contexto dos sistemas de saúde. A dinâmica complexa que emerge das interações entre as inovações, os inovadores e o sistema de saúde, assim como o contexto global em que esta dinâmica se insere, deve ser compreendida no sentido de apoiar as práticas e as políticas de inovação em saúde. É a combinação inteligente de inovações tecnológicas com outras formas de inovação, inclusive abordagens inovadoras de governança, financiamento ou novos modelos de serviços, que permitirá conseguir melhorias significativas no desempenho do sistema de saúde.

O futuro depende da capacidade de criar espaços e oportunidades para tirar o máximo benefício do potencial de inovação existente nos serviços de saúde. Por outro lado, na criação desse futuro, as sociedades devem remodelar a procura de serviços de saúde através do apoio aos cidadãos no sentido de estes gerirem a sua própria saúde. Os sistemas de saúde, em estreita cooperação com outros sectores da sociedade, podem incentivar os cidadãos a adotar e a manter comportamentos saudáveis. Desta forma, além de assegurar a sua sustentabilidade, o sistema de saúde assume-se ainda como motor para o crescimento económico de Portugal. O sistema de saúde do futuro torna-se vital para reforçar a produtividade, atrair investimento estrangeiro e constituir-se como complemento essencial para os outros sectores da economia.

Mas o futuro já está aqui. Os hospitais mais inovadores em Portugal encorajam reconhecem e recompensam a inovação através de uma procura constante de melhoria do seu desempenho. O sistema de saúde tem o importante papel de apoiar estes inovadores, bem como o de apoiar a disseminação de boas práticas que visem a promoção de mudanças reais e sustentáveis na resposta aos novos desafios.

Os hospitais mais inovadores enfatizam a importância de olhar para além do sector da saúde ao estabelecerem amplas redes de cooperação no desenvolvimento de inovações. Estes hospitais olham para o ambiente externo mais vasto e adotam modelos e boas práticas desenvolvidas noutros serviços, adaptando-as às exigências do seu próprio contexto e às expectativas específicas dos utentes. Ao nível do sistema de saúde, não se trata tanto da reinvenção da inovação em si mesma como da capacidade da sua disseminação pelos diferentes serviços. As iniciativas de inovação local com o envolvimento de uma rede ampla de parceiros, em vez dos habituais programas nacionais, têm maior probabilidade de sucesso. O apoio nacional a estas redes locais é essencial para se tirar o máximo partido do seu potencial.

Objetivos do estudo

Este estudo foi lançado com a finalidade de contribuir para uma melhor compreensão da flexibilidade organizacional e da capacidade de inovação dos hospitais, assim como do impacto destas no desempenho dos hospitais e do sistema de saúde em geral.

São dois os seus objetivos centrais:
- Analisar a influência da flexibilidade organizacional no desempenho dos hospitais e do sistema de saúde;
- Analisar a influência da capacidade de inovação no desempenho dos hospitais e do sistema de saúde.

Em maior detalhe, o estudo apresenta os seguintes objetivos específicos:
- Identificar as principais finalidades da inovação em saúde;
- Identificar os principais fatores da inovação nos hospitais e no sistema de saúde;
- Analisar a influência da flexibilidade organizacional sobre a capacidade de aprendizagem do sistema de saúde;
- Identificar as novas competências no sector da saúde e analisar a influência de investimentos no desenvolvimento de recursos humanos sobre a capacidade de inovação;
- Analisar a influência da inovação sobre o desempenho dos hospitais e do sistema de saúde;
- Analisar a influência das dimensões internas e externas da flexibilidade organizacional ao nível da capacidade de inovação;
- Identificar e priorizar as medidas que visam a promoção de inovação no sistema de saúde.

De maneira a atingir estes objetivos, foi desenvolvido um estudo de investigação com três fases distintas. Primeiro, foi aplicado um questionário de perguntas fechadas sobre inovação e flexibilidade aos membros do Conselho de Administração de hospitais do sector público. Segundo, a partir dos resultados do questionário, desenvolveram-se entrevistas a membros do Conselho de Administração de cinco hospitais considerados inovadores. Terceiro, foi constituído um painel de peritos em sistemas de saúde, através da técnica de grupo nominal, para triangular os resultados, assim como identificar e priorizar as medidas necessárias para transformar o sistema de saúde num sector mais inovador.

Este livro resulta de uma investigação sobre a inovação nos hospitais, assim como de subsequentes trabalhos do autor sobre sistemas de saúde em Portugal e na Europa. Em 2007, no âmbito do mestrado em Saúde Pública da Escola Nacional de Saúde Pública, foi desenvolvido um estudo de investigação sobre a flexibilidade organizacional, a capacidade de inovação e o desempenho hospitalar em Portugal. Depois, na qualidade de responsável técnico da OMS em sistemas de saúde, o autor realizou vários trabalhos com o objetivo de desenvolver uma melhor compreensão da capacidade de inovação dos sistemas de saúde, além do sector hospitalar. A avaliação de desempenho do sistema de saúde português, a avaliação do Plano Nacional de Saúde 2004-2010, assim como análise sobre o impacto da crise económica nos sistemas de saúde europeus contribuíram para a discussão dos resultados aqui apresentados (WHO, 2010a; 2010b; 2013b). Por último, o livro inclui ainda os resultados da discussão sobre a influência da inovação na transformação do sistema de saúde publicado pelo Imperial College London (2012), assim como o relatório *Um Futuro para a Saúde: Todos temos um papel a desempenhar* promovido pela Plataforma Gulbenkian para um Sistema de Saúde Sustentável (Crisp, 2014).

A partir da investigação desenvolvida, o livro reflete três mudanças centrais na forma de pensar e transformar os sistemas de saúde através da inovação. Primeiro, apresenta a mudança da perspetiva tradicional, focada nos serviços de saúde, para uma visão centrada no utente enquanto coprodutor de inovação em saúde. Em segundo lugar, a inovação é analisada não como um episódio isolado, mas como um processo interativo e contínuo de transformação do sistema de saúde. Passa-se assim do foco das inovações tecnológicas *plug-in* para a combinação de diferentes tipos de inovações, tecnológicas, organizacionais e estratégicas, de modo a maximizar o impacto na transformação dos sistemas de saúde. O processo de inovação no sector da saúde é longo e sinuoso, marcado sobretudo pela transformação de informação em conhecimento através de ciclos contínuos de aprendizagem. Em terceiro lugar, o livro revela as extensas interdependências no sistema de saúde no que se refere ao desenvolvimento de inovações. De facto, nenhuma organização é capaz de inovar só por si. Deste modo, à medida que as redes de cooperação se estendem e reforçam entre hospitais, centros de saúde, cuidados continuados, sector privado e outros sectores da economia portuguesa, surgem novos ecossistemas de inovação, cada vez mais dinâmicos.

Estrutura do livro
Ao longo deste livro serão abordados os principais assuntos sobre a inovação em saúde: as suas finalidades, os principais motores de inovação, a transformação de conhecimento, as novas competências, o papel estratégico da flexibilidade organizacional, o valor da inovação e, por último, as medidas para a promoção da inovação em saúde

A discussão destes temas faz-se ao longo de onze capítulos que procuram refletir o círculo virtuoso do impacto da inovação na transformação do sistema de saúde, de modo a responder aos desafios de hoje e do futuro. Com o objetivo de explicitar de forma detalhada os conceitos e métodos utilizados, de maneira a permitir a discussão dos resultados obtidos, os dois capítulos seguintes apresentam o modelo conceptual e os métodos de investigação adotados no estudo.

O Capítulo 3 caracteriza a inovação desenvolvida pelo sistema de saúde, assim como os principais objetivos das suas estratégias de inovação. Os hospitais reconhecem a inovação como um aspeto central para a criação de novos conhecimentos e a melhoria do seu desempenho. No capítulo seguinte, são identificados os principais motores da inovação nos hospitais. Os resultados revelam a nova natureza da inovação em saúde, caracterizada pelo foco no cidadão e utilizador dos serviços enquanto coprodutor, bem como pela abertura a uma vasta série de outros sectores da sociedade portuguesa.

De seguida, no Capítulo 5, analisam-se os serviços de saúde como organizações de aprendizagem. Aqui, o progresso científico, informático e cultural dos cuidados é alinhado de forma a criar novos conhecimentos como um produto natural da prática clínica diária. No sexto capítulo analisam-se as novas competências necessárias à inovação. Os resultados revelam que as estratégias dos hospitais inovadores passam por combinar, de forma cumulativa, o desenvolvimento de novas competências com o envolvimento dos seus profissionais no processo de inovação.

De seguida, olhamos para a influência da flexibilidade estratégica dos serviços de saúde no sentido de se adaptarem às mudanças do meio externo. O argumento central é o de que, face a um ambiente turbulento, se torna demasiado arriscado confiar apenas na gestão estratégica tradicional, pelo que se propõe que a flexibilidade organizacional, enquanto opção estratégica para o sistema de saúde, seja assegurada.

No Capítulo 8 discute-se que, apesar de o valor da inovação em saúde poder ser significativo, não é evidente que a inovação resultará sempre em maiores níveis de desempenho. Neste contexto, o objetivo é analisar de forma crítica a relação entre inovação e desempenho, reconhecendo as especificidades do sistema de saúde. No nono capítulo são discutidas as medidas principais para a promoção do valor dos investimentos em saúde através da inovação. Um painel de peritos identificou e priorizou doze medidas a curto, médio e longo prazo. O investimento em sistemas de informação e o foco na pessoa e utilizador dos serviços são identificadas como áreas prioritárias para a transformação do sistema de saúde.

O capítulo seguinte apresenta as principais conclusões do estudo, com destaque para a necessidade de promover o pensamento sistémico na criação de conhecimento em saúde. Por outro lado, a inovação é cada vez mais aberta através da sua integração em redes de cooperação externa, mais capazes de aproximar a saúde e a economia. Por último, são apresentadas as principais implicações para os vários atores do sistema de saúde, desde os decisores políticos até aos profissionais de saúde e aos utilizadores dos serviços de saúde, assim como aos cidadãos e comunidades locais.

Descobrir os benefícios da inovação implica mudanças radicais nos vários níveis do sistema de saúde: a política e a regulamentação de saúde podem ser modernizadas, os profissionais de saúde podem desenvolver novas competências e práticas, os investigadores podem contribuir para uma melhor compreensão do valor da inovação em saúde, os utilizadores dos serviços de saúde podem ser mais ativos na gestão da sua própria doença, os cidadãos podem aceder mais facilmente a informação e educação no sentido de promoverem a sua própria saúde e prevenirem doenças.

INTRODUÇÃO

Este livro pretende contribuir para o debate atual sobre a sustentabilidade do sistema de saúde através da inovação. Ao recentrar o foco sobre a inovação, é reconhecido o papel dos serviços de saúde como fonte de novas ideias, quer na criação de valor no sistema de saúde, quer na interface com outros sectores da economia e da sociedade portuguesa. Inspirado pelos inovadores, que já começaram a criar o futuro da saúde, o livro é ainda um apelo à democratização da inovação, na qual todos os sectores da sociedade portuguesa, além do sector da saúde, contribuem para a melhoria do desempenho do sistema de saúde e a sua sustentabilidade.

Modelo de inovação em saúde

O modelo conceptual utilizado neste estudo assenta em dois importantes desenvolvimentos teóricos e empíricos no campo da economia e inovação: a conceptualização do Sistema Nacional de Inovação (SNI) e o interesse crescente na inovação organizacional. O conceito de sistema de inovação surgiu no final da década de oitenta, como resultado de esforços teóricos e empíricos para descrever em que medida a capacidade de inovação de uma organização é determinada pela sua interação com outras instituições sociais, económicas e técnicas ao nível nacional (Lundvall, 1992, 2007; Nelson, 1993). Na sequência destas contribuições iniciais, destacam-se duas abordagens principais no que se refere à definição e compreensão do papel das instituições no desenvolvimento de inovação. A primeira abordagem analisa a inovação como resultado de uma relação causal cumulativa de aprendizagem. Nesta, as organizações são percebidas como centros de interação humana que interligam conhecimentos tácitos e codificados (Lundvall, 1992). A segunda abordagem descreve o SNI como um conjunto de organizações, cujas interações entre si determinam o seu desempenho inovador. Apesar de partilhar a ideia de causalidade cumulativa nos processos de aprendizagem, coloca maior ênfase na interação social, centrando-se sobretudo no papel dos atores institucionais dominantes e na sua inter--relação (Nelson, 1993).

Este estudo integra ainda uma linha de investigação que procura relacionar as inovações tecnológicas com inovações organizacionais, realçando a sua complementaridade. A adoção equilibrada dos dois tipos de inovação assegura o equilíbrio entre a estrutura técnica e social, essencial para o desempenho da organização. Esta tese foi confirmada por diversos estudos, nomeadamente o de Kimberly e Evanisko (1981), que obteve uma correlação direta (0,42) entre inovações tecnológicas e organizacionais no sector hospitalar. Damanpour e Euan (1984) registaram igualmente correlações diretas em três períodos consecutivos (0,417; 0,373; 0,471) entre as inovações tecnológicas e organizacionais em instituições do sector público.

Modelo conceptual
Este estudo adota uma abordagem centrada no SNI proposto por Gjerding (1996). A inovação é analisada como o resultado de causalidade cumulativa dos processos de aprendizagem no quotidiano da organização. Esta abordagem tem sido amplamente utilizada em contextos académicos e tem sido utilizada também como quadro para elaboração de políticas de inovação.

A estrutura do SNI reflete a alteração de foco das novas tecnologias para a inovação organizacional. Esta distinção entre inovação tecnológica e organizacional é importante por duas razões principais. Em primeiro lugar, a estrutura organizacional dos hospitais tem um impacto significativo na forma como a inovação acontece. Em segundo lugar, tal distinção torna possível interligar inovações organizacionais e tecnológicas rumo a um melhor desempenho. De facto, uma série de estudos empíricos demonstraram que as mudanças organizacionais são a chave para traduzir a adoção de novas tecnologias em resultados económicos (Leonard-Barton, 1988; Gjerding, 1996).

A partir desta abordagem sistémica, considera-se que o desempenho das organizações é influenciado pelo seu meio exterior; reconhece-se a importância da interação permanente da organização com o meio em que está inserida para a sua sobrevivência e o seu desenvolvimento. Com base nesta perspetiva, estabelece-se a distinção de organizações em sistemas fechados (estruturados e formais) e em sistemas abertos (flexíveis e permeáveis à informação externa). São os sistemas abertos que revelam maior capacidade de inovação na resposta aos desafios emergentes no seu contexto externo.

O modelo conceptual apresentado na Figura 1 foi adaptado para refletir as especificidades do sistema de saúde em Portugal. Deste modo, inclui as estruturas de gestão e organização do trabalho, as qualificações e o conteúdo do trabalho, assim como a cooperação externa e a inovação (em termos de novas tecnologias e novos serviços). Estas dimensões correspondem à flexibilidade organizacional proposta por Gjerding (1996). Por último, foi adicionada a variável de desempenho hospitalar, com o objetivo de explorar o valor da inovação e a sua tradução em melhor desempenho dos serviços de saúde.

FIGURA 1: Mapa conceptual

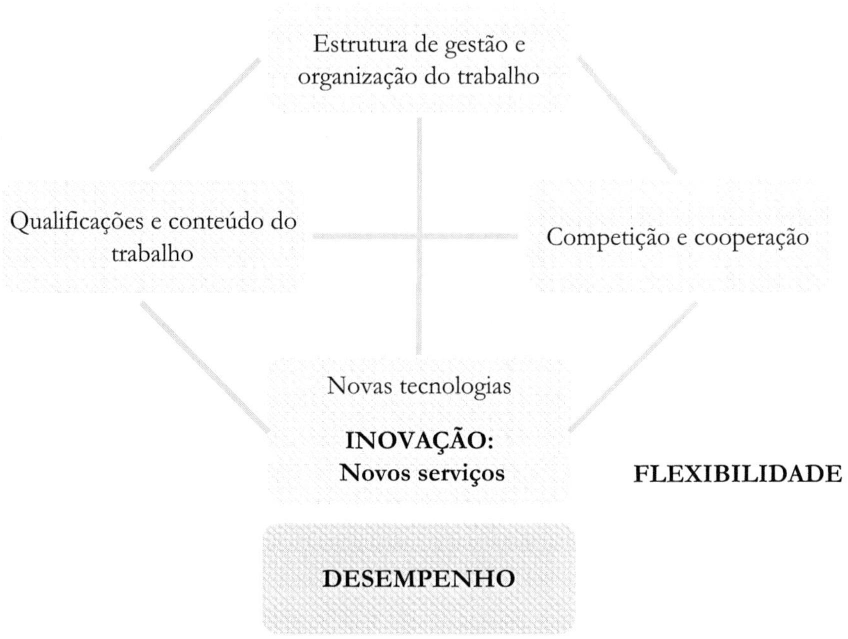

- Estrutura de gestão e organização do trabalho
- Qualificações e conteúdo do trabalho
- Competição e cooperação
- Novas tecnologias
- INOVAÇÃO: Novos serviços
- FLEXIBILIDADE
- DESEMPENHO

Fonte: Adaptado de Gjerding (1996).

De acordo com o mapa conceptual apresentado na Figura 1, a compreensão da capacidade de resposta da organização aos desafios impostos pelo meio externo requer a análise da sua flexibilidade organizacional. A flexibilidade organizacional é analisada nas suas dimensões internas e externas. Ao nível da flexibilidade interna são analisadas as relações entre estrutura, processos e cultura organizacional. Por outro lado, a inovação tecnológica, assim como as relações de competição e cooperação entre organizações são analisadas como fatores de flexibilidade externa. Segundo Gjerding (1996), a flexibilidade interna relaciona-se sobretudo com a inovação organizacional, ao passo que a flexibilidade externa se relaciona com a inovação tecnológica. Por último, considera-se a relação entre a flexibilidade organizacional e o desempenho dos hospitais.

O hospital é a unidade de análise do estudo que introduz mudanças tecnológicas e organizacionais no sentido de melhorar o seu desempenho, em resposta às mudanças do meio externo.

No sistema de saúde, os hospitais constituem um componente central, devido aos recursos financeiros que lhes são atribuídos e que correspondem a cerca de metade do orçamento da saúde nos países da Europa. Além disto, os hospitais ocupam um lugar privilegiado no sistema de saúde na qualidade de instituições de referência para todos os serviços de saúde, inclusive os cuidados de saúde primários e saúde pública. Por último, os hospitais caracterizam-se tanto pela capacidade de liderança técnica exercida pelos seus profissionais de saúde como por serem um ambiente de inovações tecnológicas importantes. Deste modo, os hospitais têm sido alvo de atenção especial das políticas de saúde, o que abrange investimentos em investigação e adoção de modelos de gestão inovadores (Simões, 2009).

No entanto, apesar do foco inicial no sector hospitalar, este estudo adota uma perspetiva de análise mais ampla do sistema de saúde em Portugal. A inovação em saúde é aqui estudada não só ao nível dos hospitais, mas também ao nível da sua interação com os cuidados de saúde primários, outros serviços de saúde e outros sectores da sociedade.

De acordo com a OMS, o sistema de saúde é composto por todas as organizações, pessoas e ações cuja intenção principal é promover, restaurar ou manter a saúde (WHO, 2000), o que inclui os serviços diretos de saúde, assim como os esforços para influenciar os determinantes da saúde. O sistema de saúde tem múltiplas finalidades, que correspondem à melhoria da saúde e equidade e à resposta das necessidades em saúde, de forma financeiramente justa, com uma utilização eficiente dos recursos disponíveis (Murray e Frenk, 2000).

Por conseguinte, assume-se que o sistema de saúde é mais do que o conjunto de instituições públicas que prestam serviços de saúde individuais. Abrange também os serviços e os programas de saúde pública com a participação de outros sectores da sociedade, como sejam o sector da educação, o sector social e o sector privado, entre outros (WHO, 2013a; 2013b). Com base nesta definição mais ampla, o presente estudo analisa a inovação no sector da saúde e identifica medidas para o tornar mais inovador.

Definição do problema

Por que motivo alguns hospitais apresentam maior capacidade de inovação do que outros? Esta é uma questão que se integra numa perspetiva em que se considera que a inovação é essencial para a melhoria do desempenho da organização.

De acordo com o modelo de Gjerding (1996), considera-se que as mudanças externas à organização exigem adaptações quer ao nível tecnológico, quer ao nível organizacional. Além disto, as alterações num dos sistemas, tecnológico ou organizacional, obrigam a mudanças no outro sistema, de modo a assegurar a sua implementação efetiva com valor acrescentado. O desempenho organizacional depende da implementação equilibrada dos dois tipos de inovação.

Não obstante, a inovação não é o único aspeto importante de um desempenho económico dinâmico. São vários os autores que consideram que as organizações com vantagem competitivas apresentam um elevado nível de flexibilidade, no sentido da sua reação a um meio externo em turbulência crescente (Pasmore, 1994; Rotarius e Liberman, 2000; Rouse, 2008). Neste contexto, pretende-se também analisar como a flexibilidade organizacional, a capacidade de inovação e o desempenho dos hospitais se relacionam entre si. O estudo centra-se em duas questões centrais:
- Qual a influência da flexibilidade organizacional sobre a capacidade de inovação dos hospitais e do sistema de saúde em geral?
- Qual a influência da capacidade de inovação ao nível do desempenho do hospital e do sistema de saúde?

Como já foi referido, os resultados foram integrados e discutidos num contexto mais amplo do sistema de saúde a partir da análise da inovação nos hospitais. Aqui, a expressão inovação sistémica refere-se a mudanças simultâneas num sistema integrado de serviços de saúde, novas tecnologias e inovações organizacionais que, em conjunto, correspondem a um novo modo de funcionamento.

Definição de conceitos

As variáveis centrais do estudo que constituem o núcleo das questões de investigação, consideradas como variáveis dependentes nas hipóteses formuladas, correspondem à capacidade de inovação e ao desempenho dos hospitais. A flexibilidade organizacional, nas suas dimensões internas e externas, é a principal variável independente do estudo. Esta traduz as causas ou condições suscetíveis de determinar os efeitos ou os resultados. Por último, o estudo considera ainda a formação jurídica, a lotação de camas, e o nível de especialização dos hospitais como variáveis atributo.

Inovação

A inovação é aqui definida como a implementação de um produto, serviço ou processo que é novo ou significativamente melhorado (OECD, EUROSTAT, 2005) e reflete uma compreensão mais ampla da inovação através das suas diferentes etapas: desde a criação de ideias até à introdução de novos produtos e serviços. As diferentes formas de inovação em saúde foram previamente descritas, operacionalizadas e analisadas empiricamente (Kimberly e Evanisko, 1981; Salge e Vera, 2009).

A operacionalização desta variável centra-se sobretudo nos aspetos técnicos da inovação e da introdução de novos produtos e serviços no mercado, excluindo o seu sucesso económico. Os diferentes modos de desempenho da inovação no sistema de saúde foram analisados por investigações anteriores (Scott, 1990; Fleuren, Wiefferink e Paulussen, 2004; Salge e Vera, 2012).

Com base nesses estudos, o desempenho da inovação foi medido como a proporção de inovações de produtos, serviços ou processos durante um período de três anos. Para conseguir maior robustez científica, a análise foi feita com recurso a uma variável *dummy*, que é igual a 1 no caso de o hospital ter introduzido uma inovação ao longo de três anos, ou igual a 0 no caso contrário (Lund e Gjerding, 1996).

A adoção de inovação é considerada como um processo que inclui as atividades específicas e os fatores facilitadores da sua implementação e disseminação na organização. Neste processo, podem ser consideradas duas fases distintas (Rogers, 1995). A primeira fase inclui as atividades orientadas para a perceção do problema, obtenção de informação, avaliação e análise de recursos para a decisão de adotar inovações. Por sua vez, a fase de implementação inclui todos os eventos e atividades orientados para assegurar a utilização inicial e continuada da inovação até esta se tornar rotina na organização (Damanpour, 1991). Considerando as diferenças significativas entre a fase de iniciação e implementação de inovações, o estudo orienta-se apenas para a análise de inovações implementadas.

O que aqui se pretende é desenvolver uma análise mais aprofundada do conceito de inovação ao nível das suas características e dimensões principais, de forma a assegurar a sua operacionalização. A primeira dimensão do conceito de inovação corresponde à sua classificação em termos de produtos, serviços e processos organizacionais, o que se enquadra numa versão simplificada da tipologia schumpeteriana em cinco tipos de inovação diferentes: produtos, processos de produção, mercados, fontes de aprovisionamento e mudanças organizacionais (Schumpeter, 1947).

De acordo com a Organização para a Cooperação e Desenvolvimento Económico (OCDE), as inovações são classificadas em tecnológicas ou organizacionais. As inovações tecnológicas correspondem às que ocorrem na estrutura operacional e afetam o sistema técnico das organizações; compreendem produtos e processos considerados novos ou significativamente melhorados. As inovações organizacionais são as que ocorrem na componente organizacional e consistem na introdução de novas práticas de gestão, novos processos administrativos, novas estruturas organizacionais, assim como novas parcerias e colaborações externas (OECD, EUROSTAT, 2005).

A distinção entre tipos de inovação é necessária para compreender o comportamento das organizações no que se refere à sua adoção e implementação e à identificação dos seus determinantes principais. A diferença entre inovação organizacional e tecnológica tem uma importância particular, dado que reflete uma distinção mais abrangente entre as estruturas social e tecnológica da organização. Estes dois tipos de inovação implicam processos de tomada de decisão potencialmente diferentes e, quando associados, representam mudanças num amplo campo de atividades da organização. A inovação organizacional relaciona-se com as atividades básicas de uma organização, assim como as atividades de gestão. Por sua vez, a inovação tecnológica tem uma relação direta com os produtos, os serviços e os processos tecnológicos de produção. O desenvolvimento de inovações tecnológicas e organizacionais não se relaciona de modo igual com os seus determinantes. Por exemplo, elevados níveis de centralização e formalização facilitam as inovações organizacionais, ao passo que as condições inversas promovem o desenvolvimento de inovações tecnológicas (Sheaff et al., 2003).

Uma segunda dimensão da inovação refere-se ao aspeto qualitativo do seu impacto no que respeita a melhorias significativas. Esta medida qualitativa pressupõe um elevado grau de subjetividade, nomeadamente quando se recorre a questionários. De facto, a análise de melhorias significativas implica uma comparação da situação atual com a anterior, o que varia substancialmente entre as diferentes organizações.

A inovação é um meio de mudança da organização, quer como uma resposta a mudanças externas, quer como influência sobre o meio externo. Dado que até os ambientes mais estáveis mudam, as organizações adotam necessariamente uma série inovações, de forma contínua, ao longo do tempo (Kimberly e Evanisko, 1981). Deste modo, a capacidade de inovação das organizações é representada não por uma única inovação, mas por múltiplas.

Os estudos que analisam uma única inovação ignoram o facto de os hospitais, em especial os de grandes dimensões, adotarem um número elevado de inovações num determinado período de tempo, motivo pelo qual os resultados desses estudos podem refletir mais os atributos das próprias inovações estudadas do que as características das organizações. Assim, a variável inovação deve ser medida através de uma taxa de inovação, definida como o número de inovações adotadas num determinado período de tempo.

Por outro lado, esta taxa de inovação deve ser medida também em termos de *outputs*, como, por exemplo, o patenteamento de inovações ou os novos serviços implementados. Aqui, consideram-se dois métodos alternativos. O primeiro consiste na identificação de inovações desenvolvidas por uma organização a partir de uma lista predefinida. As organizações são então classificadas em função do número de inovações que efetuaram no período considerado. Tid e colegas (2005) notaram que o número de inovações não pode ser utilizado para comparar organizações de diferentes sectores, no entanto, utilizou este método para comparar padrões de inovação no mesmo sector. O segundo método consiste na identificação pela própria organização do número total de inovações adotadas num determinado período. Com base nesse número, as organizações são classificadas como inovadoras ou não. O problema deste método reside na dificuldade em identificar aquilo que as próprias organizações consideram uma inovação. Apesar de as organizações, na sua maioria, compreenderem o conceito de inovação, estas utilizarão sempre critérios relativos e diferenciados. A este propósito, Coombs e os seus colegas referem que o problema deste método consiste sobretudo em medir o grau de inovação e distinguir entre inovações marginais e fundamentais (Coombs, Saviotti e Walsh, 1987).

Os problemas na medição da inovação advêm sobretudo da natureza multidimensional desta. A inovação é específica do contexto, o que dificulta a comparabilidade de dados. Reconhecendo estas dificuldades, o presente estudo desenvolve-se a partir da classificação das inovações em organizacionais e tecnológicas e na análise das medidas de *output*, determinando uma taxa de inovação (Fosfuri e Tribo, 2008). A capacidade de inovação foi medida como o número de novos produtos, serviços e processos organizações implementados durante um período de três anos.

Flexibilidade organizacional

A flexibilidade é aqui definida como a capacidade organizacional para responder a um ambiente externo, através da inovação de produtos, serviços e processos, assente numa organização inclusiva e numa cultura de aprendizagem. A escolha desta definição tem por base o conceito de economia de aprendizagem (Gjerding, 1996), no qual as inovações e os recursos humanos estão no centro dos interesses estratégicos. O mais representativo dos inquéritos com base nesta abordagem é o estudo DISKO (Danish Innovation System in a Comparative Perspective) sobre inovação, desenvolvido pela Unidade de Investigação de Dinâmica Industrial Dinamarquesa (DRUID). Este estudo reflete uma perspetiva unificadora de ambos os fatores, internos e externos, de flexibilidade organizacional. Enquanto os fatores internos correspondem à estrutura, processos e cultura organizacional, os externos correspondem à inovação de produtos, serviços e processos.

A flexibilidade interna foi medida através de um conjunto de treze indicadores que cobrem as dimensões de estruturas (grupos de trabalho transversal e círculos de qualidade), os processos (rotação entre funções, integração de funções, formação profissional contínua, atividades educacionais com base em necessidades organizacionais e planeamento de longo prazo da educação) e os traços culturais (delegação de responsabilidade, participação no planeamento semanal de trabalho e participação dos profissionais na definição de processos). Por sua vez, a flexibilidade externa foi medida através de três indicadores relativos a cooperação externa, introdução de novas tecnologias, novos processos e serviços. Estes fatores representam treze pontos de medição, uma vez que os hospitais incluídos no estudo podem responder às questões associadas a cada fator. Por conseguinte, cada hospital estudado pode obter uma quantificação de flexibilidade organizacional que varia de zero a treze.

Desempenho

Por último, o modelo conceptual inclui a variável de desempenho hospitalar. O desempenho pode ser definido de acordo com o cumprimento de metas administrativas e clínicas específicas. Ainda que o objetivo central dos hospitais passe por melhorar a saúde da população, é importante considerar também uma série de medidas intermédias de processo e de resultado com o objetivo de acompanhar o impacto de tais inovações (Veillard *et al.*, 2005).

A noção de desempenho corresponde a um elemento-chave na estratégia de modernização das organizações (Freeman, 2002; Simões, 2009). O desempenho do hospital foi medido através de um conjunto de cinco indicadores que abrangem as dimensões da qualidade de serviço (taxa de reinternamentos hospitalares no prazo de 15 dias), a eficiência operacional (proporção de cirurgia de ambulatório no total de cirurgias e tempo médio de permanência hospitalar) e eficiência financeira (inclusive o lucro líquido do hospital e a proporção de horas extraordinárias nos custos totais com o pessoal).

Este conjunto de cinco indicadores reflete uma abordagem multidimensional do desempenho hospitalar e foi ponderado para obter um valor relativo de desempenho organizacional. Todas estas dimensões são interdependentes e devem ser avaliadas em simultâneo. Os dados foram obtidos através da Comissão para a Contratualização dos Hospitais e utilizados na definição dos contratos-programa dos hospitais de 2007.

Investigação em sistemas de saúde

O tema central deste trabalho versa sobre a análise da inovação dos hospitais, assim como a sua relação com a flexibilidade e o desempenho organizacional. O campo de análise desta investigação incide sobre o sector público hospitalar nacional, para recolher informação que possa apoiar a promoção de inovação em saúde.

A partir das considerações anteriores, é possível afirmar-se que os principais objetivos consistem aqui na caracterização da inovação desenvolvida pelos hospitais e da sua influência em termos de flexibilidade organizacional e desempenho. Para esse efeito, recorreu-se a uma série de instrumentos de trabalho, inclusive: revisão bibliográfica; contactos diretos com vários especialistas no sentido de obter conhecimentos, experiências e visões diversificadas; aplicação de um questionário de perguntas fechadas sobre inovação e flexibilidade organizacional; realização de entrevistas a membros de conselhos de administração de hospitais do sector público, caracterizados por elevada capacidade de inovação e elevados níveis de flexibilidade e de desempenho. A identificação dos hospitais mais inovadores foi desenvolvida a partir dos resultados do questionário, da opinião de peritos em sistemas de saúde e da constituição de um painel de peritos para triangulação de dados e obtenção de consensos em aspetos não devidamente esclarecidos, assim como para a definição e priorização de medidas de promoção da inovação no sector público hospitalar e no sistema de saúde em geral.

Trata-se então de um estudo de investigação de natureza mista que envolve três processos interligados entre si: estudo correlacional; estudo de casos múltiplos; técnica de grupo nominal com triangulação de resultados. Esta metodologia pretende captar a relação entre a flexibilidade organizacional, a inovação e o desempenho, tendo em conta a complexidade do sistema de saúde.

Método de investigação
A investigação em sistemas de saúde procura entender e melhorar a forma como as sociedades se organizam para alcançar os objetivos de saúde pública, além da forma como os diferentes atores interagem nos processos políticos. O foco da investigação em sistemas de saúde é amplo, cobrindo os seus diferentes componentes, inclusive financiamento, recursos humanos, sistema de informação, medicamentos, e mecanismos de governação. Apesar da amplitude do campo de investigação, o foco está na melhoria de características sistémicas, de modo a promover retornos dos investimentos em saúde. A investigação em sistemas de saúde tem duas finalidades complementares: o avanço de conhecimento e a sua utilização para promover o desempenho do sistema de saúde e melhorar a saúde e equidade (Savigny e Adam, 2009).

É intuitivo assumir que as políticas de saúde devem ser informadas pelos dados científicos. Contudo, assiste-se ao debate sobre o que são dados científicos suficientes para a tomada de decisão política. Na maioria dos casos, os decisores políticos não podem restringir-se a resultados de estudos específicos e precisam de considerar a complexidade do sistema de saúde num contexto mais amplo (Shiell et al., 2008). A discussão dos resultados deve ser alargada a todos os atores do sistema de saúde, inclusive os decisores políticos, os investigadores, os profissionais de saúde e toda a sociedade civil. Isto promove decisões com base em dados sólidos que beneficiam de uma ampla diversidade de recursos e diferentes perspetivas.

A investigação em sistemas de saúde está mais envolvida na prática e na política do que outras áreas de investigação. De facto, a investigação em sistemas de saúde está mais orientada para a resolução de problemas do que para o teste de hipóteses científicas. Alem de se transformarem os resultados relevantes da investigação em novas práticas e políticas, os investigadores beneficiam também das lições aprendidas nas práticas atuais que irão gerar novas questões de investigação. Isto reflete um círculo integrado de transformação de informação da prática clínica em conhecimento e, por sua vez, em novas práticas mais efetivas. A criação e a aplicação de conhecimento são bidirecionais com os decisores políticos e profissionais de saúde, assim como os investigadores, a aprenderem continuamente entre si.

A investigação em sistemas de saúde é complexa por vários motivos. Primeiro, o sistema de saúde inclui uma diversidade de organizações distintas que interagem entre si. Segundo, os objetivos destas organizações são múltiplos e mesmo antagónicos. Por último, o sistema de saúde reúne também um grupo vasto de diferentes grupos profissionais, cada um com o seu campo de conhecimento. Deste modo, a avaliação de sistemas e organizações complexos é muito diferente da investigação linear e reducionista, como, por exemplo, ensaios clínicos de um medicamento ou tecnologia (Pslek e Greenhalg, 2001).

A investigação é interdisciplinar por natureza. Ao reunir um conjunto de disciplinas como a economia, a sociologia, a ciência política, a saúde pública e a epidemiologia, torna-se possível desenvolver uma visão abrangente de como os sistemas de saúde respondem às políticas de saúde (Gilson, 2011; Mills, 2012). Deste modo, esta área de investigação distingue-se sobretudo pelos problemas e questões abordadas, em vez de pela base disciplinar ou pelo conjunto de métodos científicos.

Os sistemas de saúde são extremamente complexos, com múltiplos níveis de ação, e bastante vulneráveis a um efeito de dominó por eventuais mudanças num dos seus componentes. A natureza do sistema de saúde, marcada por vários atores e influências que operam em simultâneo e de forma contraditória, cria dificuldades significativas na avaliação de causa e efeito. Deste modo, o desenho das intervenções e a avaliação do seu impacto é menos linear e simplista do que em outras áreas de investigação em saúde, como seja a investigação clínica. A investigação em sistemas de saúde combina métodos quantitativos fixos com qualitativos mais flexíveis na exploração das causas e soluções para os problemas reais. A investigação em sistemas de saúde tem um enorme potencial em termos da sua relevância e aplicação, devido ao recurso a uma diversidade de métodos para identificar as intervenções mais efetivas.

Um atributo desta área de investigação corresponde à flexibilidade com que utiliza instrumentos metodológicos para responder à complexidade e à multiplicidade de exigências do sistema de saúde. De facto, enquanto a arquitetura geral da investigação assegura os princípios científicos de base, os métodos utilizados conferem flexibilidade suficiente para assegurar a capacidade necessária para responder à natureza em mudança dos desafios do sistema.

A prioridade atual em investigação de sistemas de saúde reside no desenvolvimento de novas metodologias no sentido de melhorar a sua qualidade científica. Esta preocupação conduziu a uma diversidade metodológica que reflete a natureza dos problemas de saúde pública, como, por exemplo, os fatores de comportamento saudáveis, a fraca aderência a tratamentos, ou a necessidade de traduzir o conhecimento em práticas clínicas, assim como em políticas informadas pela evidência. Demonstra também a aceitação crescente da investigação qualitativa, a criação de equipas multidisciplinares e a utilização de abordagens com múltiplos níveis de análise, com o objetivo de compreender a complexidade dos serviços de saúde.

Neste âmbito, assiste-se a uma sofisticação metodológica crescente de métodos mistos. Trata-se de métodos relevantes para responder a questões que requerem uma compreensão contextual da vida real. Os métodos mistos combinam diferentes metodologias, tirando partido dos pontos fortes de cada método e enquadrando a investigação em posições teóricas e filosóficas. A componente de investigação quantitativa tem o objetivo de estudar a magnitude e a frequência de constructos. Por outro lado, a componente qualitativa orienta-se sobretudo no sentido de explorar o significado e a compreensão desses mesmos constructos.

Esta metodologia reflete a oportunidade de transformar a tensão gerada entre diferentes perspetivas em novos conhecimentos (Clark, 2010; Zhang e Creswell, 2013). Por exemplo, as medidas de resultados quantitativos podem tornar-se compreensíveis através do recurso a dados qualitativos. Em alternativa, a exploração qualitativa pode ocorrer antes do desenvolvimento de um instrumento adequado para a medição quantitativa. Ao incluir a pesquisa qualitativa em métodos mistos, os investigadores em sistemas de saúde podem estudar novas questões sobre fenómenos complexos e de difícil medição em ambientes específicos.

A combinação de dados quantitativos e qualitativos permite: desenvolver uma compreensão mais completa de um problema; desenvolver um quadro complementar; comparar, validar, ou triangular resultados; fornecer ilustrações de contexto para as tendências, ou para examinar os processos/experiências em conjunto com resultados.

O conhecimento produzido pela investigação em sistemas de saúde, se amplamente divulgado, é um importante bem público global. Contudo, na maioria das vezes, há pouca comunicação entre os investigadores e os utilizadores finais, inclusive os decisores políticos, os profissionais de saúde e o cidadão. De modo a alcançar os seus objetivos, o sistema de saúde deve ser capaz de criar e utilizar o conhecimento científico para melhorar o seu desempenho. O conhecimento produzido pela investigação em sistemas de saúde é também parte de um esforço global para criar novos conhecimentos para enfrentar os desafios atuais e do futuro. É indiscutível que se torna necessário apoiar uma estrutura que valorize a produção e utilização de investigação, assim como uma plataforma para a comunicação eficaz entre todos os atores envolvidos na transformação do sistema de saúde.

Metodologia mista

Recorreu-se a uma metodologia mista para explorar a relação entre a inovação e o desempenho do sector hospitalar. Múltiplas formas de dados quantitativos e qualitativos são combinadas e integradas de forma sistemática.

Os métodos mistos não estão associados a um paradigma de conhecimento específico ou a um conjunto de métodos. Trata-se antes de diferentes métodos de investigação intencionalmente combinados, de forma a capturar as diferentes dimensões do fenómeno central estudado. Este método implica várias combinações de amostragem e/ou de recolha de dados e/ou técnicas de análise de dados, com os seguintes objetivos: orientar o desenvolvimento de um inquérito para identificar as necessidades de amostragem; recolha e análise de dados adicionais; permitir a triangulação através de diferentes conjuntos de dados; assim como permitir a elaboração de resultados, através de dados e análises complementares.

A investigação por métodos mistos começa com a assunção que os investigadores recolhem evidência a partir da natureza da questão e da orientação teórica. A análise é orientada para as diferentes fontes e os diferentes níveis de influência de um problema específico, como, por exemplo, organizações ou políticas. Os métodos mistos envolvem o foco num fenómeno específico, através do recurso a uma combinação de métodos, de maneira a atingir os objetivos do estudo.

Os métodos quantitativos, sobretudo dedutivos, são ideais para medir fenómenos conhecidos e padrões de associação, inclusive inferências de causalidade. Os métodos qualitativos, sobretudo indutivos, permitem a identificação de processos desconhecidos, explicações sobre as causas de um fenómeno e a forma como ocorreu, bem como a variação dos seus efeitos. O ponto de partida dos métodos mistos é o de que a integração de dados quantitativos e qualitativos maximizam os seus pontos fortes.

FIGURA 2: Metodologia de investigação

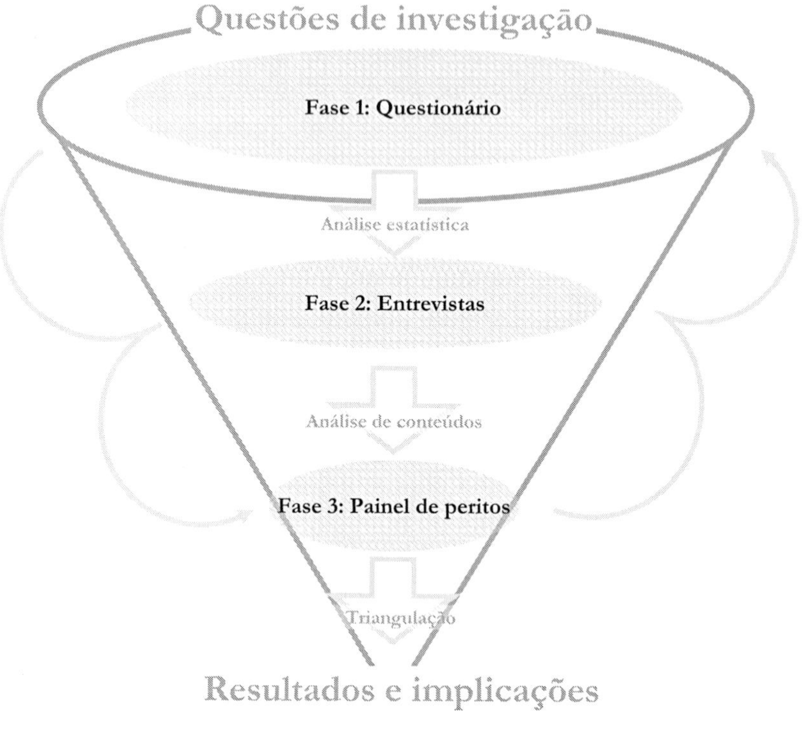

Questões de investigação
Fase 1: Questionário
Análise estatística
Fase 2: Entrevistas
Análise de conteúdos
Fase 3: Painel de peritos
Triangulação
Resultados e implicações

A utilização de métodos mistos permitiu explorar a relação entre flexibilidade, inovação e desempenho do sistema de saúde. A investigação assume uma abordagem assente na integração de dados de naturezas diferentes, dado que foram integradas sistematicamente múltiplas formas de dados quantitativos e qualitativos. Os dados quantitativos foram obtidos através de um questionário e utilizados para informar a recolha de dados qualitativos subsequente, inclusive a identificação dos participantes mais apropriados para explicar os mecanismos por detrás dos resultados quantitativos. Por último, foi desenvolvida uma técnica de grupo nominal para triangular os dados de natureza qualitativa e quantitativa. A combinação de dados quantitativos e qualitativos permitiu uma compreensão mais completa da inovação através da comparação, validação e triangulação de resultados.

QUESTIONÁRIO

Recolha de dados

A investigação quantitativa é utilizada com frequência para testar teorias ou hipóteses, assim como para examinar relações possíveis entre as diferentes variáveis. Esses dados quantitativos têm o potencial de fornecer provas mensuráveis das relações de causa e efeito. Além disto, este tipo de investigação corresponde a procedimentos eficazes de recolha de dados, o que permite a sua replicação, generalização e comparação entre os diferentes grupos da população.

O presente estudo inclui uma análise quantitativa das variáveis de flexibilidade organizacional, inovação e desempenho. Os dados foram recolhidos através da aplicação de questionários a membros do Conselho de Administração de hospitais do sector público. Por sua vez, os dados de desempenho foram obtidos através da Comissão para a Contratualização Hospitalar.

A recolha de dados foi levada a cabo com uma versão revista e adaptada do questionário DISKO desenvolvido pela DRUID. O questionário DISKO orienta-se sobretudo para a identificação de traços organizacionais relativos à capacidade da organização para reagir e evoluir quando confrontada com um ambiente instável. O questionário DISKO foi traduzido para português. A versão traduzida foi revista por um especialista português no idioma inglês e, por fim, traduzida de novo para inglês por um outro tradutor independente.

O questionário DISKO foi desenvolvido para analisar o sector industrial e nunca antes tinha sido aplicado ao sistema de saúde. Deste modo, as questões relacionadas com a concorrência externa foram excluídas, uma vez que não se aplicam aos hospitais do sector público em Portugal. O questionário foi ainda submetido a testes de confiabilidade e de validade, assim como a um pré-teste em seis hospitais diferentes não incluídos no grupo de estudo.

O questionário final é composto por 80 itens que correspondem a quatro áreas, nomeadamente a gestão e organização do trabalho, o conteúdo do trabalho e competências, a inovação em produtos, serviços e processos, e o nível de cooperação externa.

Análise de dados

Os dados foram submetidos a análise estatística univariada, com recursos a frequências absolutas e relativas, medidas de tendência central e de dispersão, com os seguintes objetivos:

- Caracterizar a amostra real e comparar com a amostra teórica, de modo a perceber se havia diferenças entre os inquiridos que responderam e os que não responderam;
- Caracterizar a flexibilidade organizacional, nas suas dimensões internas e externas, a inovação e o desempenho dos hospitais.

De seguida, procedeu-se à análise estatística multivariada com os objetivos de analisar a relação entre flexibilidade e inovação, assim como a relação entre inovação e desempenho. Na análise de dados recorreu-se às análises estatísticas que a seguir se apresentam.

- Como medidas de correlação, utilizou-se o coeficiente de correlação r de Pearson (r) e correlações parciais entre variáveis intervalo/rácio. As correlações parciais permitem revelar variáveis que aumentam, diminuem ou eliminam a relação entre as duas variáveis iniciais. Os dados foram submetidos a análise estatística, no sentido de se determinar, por um lado, a correlação entre flexibilidade organizacional e inovação, e por outro, a relação entre a inovação e o desempenho dos hospitais. Na análise das correlações r de Pearson, considerou-se que: para valores de r inferiores a 0,2 a associação é fraca; para valores compreendidos entre 0,2 e 0,39 é baixa; para valores compreendidos entre 0,4 e 0,69 é moderada; para valores compreendidos entre 0,70 e 0,89 é alta; e, por fim, para valores superiores a 0,9 é muito alta (Pestana e Gageiro, 2003).
- A análise de variância univariada foi realizada para estudar o efeito das variáveis qualitativas (fatores) numa variável dependente (inovação) através da análise de variância simples (one-way ANOVA). Deste modo, estudou-se o efeito dos fatores numa variável dependente quantitativa, através do teste F, das comparações *post-hoc* e das comparações planeadas.

- Recorreu-se à análise fatorial dos componentes principais do estudo, no sentido de reduzir o número de variáveis intervalo/rácio relacionadas entre si num pequeno número de fatores que as representam. Na análise fatorial recorreu-se ao teste de Kaiser-Meyer-Olkin (KMO) que indica a proporção da variância dos dados que pode ser considerada comum a todas as variáveis, ou seja, que pode ser atribuída a um fator comum. Então: quanto mais próximo de 1 (unidade) melhor o resultado, ou seja, mais adequada é a amostra na aplicação da análise fatorial. Na análise fatorial, o teste de KMO permitiu comparar as correlações de ordem zero com as correlações parciais observadas entre as variáveis, o que revelou valores superiores a 0,6, pelo que se considera que a análise fatorial é adequada. No estudo, procedeu-se à análise fatorial das finalidades de inovação, da flexibilidade organizacional e das características organizacionais associadas à capacidade de aprendizagem dos hospitais.
- A análise de *clusters* foi utilizada para detectar grupos homogéneos nos dados com base em informação sobre variáveis de flexibilidade organizacional, inovação e desempenho. Recorreu-se ao método *k-means* para classificar *n* observações em *k clusters*, em que cada observação pertence ao *cluster* com a média mais próxima. Foi realizada uma análise de *clusters* para identificar os grupos homogéneos de dados a partir de informação quantitativa sobre as variáveis. Recorreu-se à classificação de gruposde hospitais, por flexibilidade organizacional interna e externa, por inovação e desempenho, assim como pelas características organizacionais e capacidade de aprendizagem.
- Recorreu-se ainda à regressão logística para produzir, a partir de um conjunto de observações, um modelo que permita a predição de valores assumidos por uma variável categórica, a partir de uma série de variáveis explicativas contínuas e/ou binárias. Foram desenvolvidos modelos de regressão logística (com extração de fatores por Backward LR) dos fatores de flexibilidade organizacional sobre a inovação dos hospitais, assim como das características organizacionais associadas à aprendizagem organizacional sobre a inovação. Os efeitos do modelo foram ainda testados entre inovação, desempenho, dimensão e nível de especialização dos hospitais. Não se verificaram diferenças significativas.

As condições de utilização de testes paramétricos foram asseguradas através da análise de normalidade das distribuições de *scores* para cada variável, ou da dimensão da variável, recorrendo ao teste de Kolmogorov-Smirnov, assim como da análise da homogeneidade da variância entre as variáveis a comparar, através do teste de Levene. Em todos os casos, assumiu-se um valor crítico de significância dos resultados dos testes de hipóteses de 0,05, rejeitando-se a hipótese nula quando a probabilidade do erro tipo I apresenta um valor inferior a 0,05. Todas as estatísticas foram calculadas com o software *Statistical Package for the Social Sciences* (SPSS).

ENTREVISTAS

Recolha de dados
A segunda fase do estudo correspondeu à investigação qualitativa. Os dados qualitativos foram recolhidos através de entrevistas em profundidade, observação etnográfica e revisão de documentos. O conjunto de dados qualitativos obtidos permitiu compreender os processos, fornecer informações detalhadas sobre o contexto específico e enfatizar as vozes dos participantes através de citações. Os métodos qualitativos facilitam a recolha de dados quando as medidas não existem, assim como fornecem profundidade à compreensão de conceitos.

Com o objetivo de aprofundar a compreensão da relação entre flexibilidade organizacional, inovação e desempenho hospitalar foram conduzidos múltiplos estudos de casos. Este método é apropriado para analisar as condições contextuais de um determinado fenómeno e considerar as múltiplas fontes de evidência. Deste modo, desenvolveram-se entrevistas em profundidade, semiestruturadas, aos membros de conselhos de sdministração de cinco hospitais. A seleção destes hospitais foi realizada com base nos resultados do estudo quantitativo, nomeadamente em termos dos dados sobre a flexibilidade organizacional, inovação e desempenho. As entrevistas semiestruturadas apresentaram um foco mais alargado, além dos hospitais, para analisar o sistema de saúde. As entrevistas semiestruturadas e face a face foram feitas a dez administradores de cinco hospitais inovadores, com uma incidência particular na relação entre inovação e desempenho no sector hospitalar. As entrevistas com uma duração média de duas horas foram gravadas e transcritas.

Análise de dados
Após a análise dos discursos dos entrevistados, procedeu-se a leituras repetidas e atentas de todas as entrevistas, de forma a selecionar as unidades de análise mais relevantes para a conceptualização da inovação, a partir das quais foram estruturadas as subcategorias e o agrupamento destas em categorias.

Para o tratamento dos dados das entrevistas foi construído uma grelha de subcategorias, agrupadas em categorias, que, por sua vez, foram enquadradas em diferentes temas ou unidades de contexto. Estas dimensões foram exaustiva e exclusivamente estruturadas, o que permitiu organizar todas as unidades de registo selecionadas a partir dos conteúdos das entrevistas.

A análise de conteúdo das entrevistas aos membros dos conselhos de administração dos hospitais foi realizada através de uma matriz de categorias enquadradas nos diferentes temas e unidades de contexto. O número de unidades de análise reveladas nas diferentes subcategorias, assim como o seu significado associado, permitiu uma compreensão mais detalhada das relação entre inovação e desempenho nos hospitais e no sistema de saúde.

Depois de efetuada a análise qualitativa dos conteúdos das entrevistas, procedeu-se ao seu tratamento estatístico, utilizando a análise de frequências das ocorrências por subcategorias, ao mesmo tempo que se desenvolveu uma avaliação comparativa dos significados dos seus conteúdos.

TÉCNICA DE GRUPO NOMINAL

A terceira fase da investigação consistiu num estudo qualitativo, com recurso à técnica de grupo nominal. Esta técnica foi utilizada para obter consensos acerca dos principais resultados sobre a relação entre inovação e desempenho dos hospitais, a partir da análise estatística de dados do questionário e da análise de conteúdo das entrevistas a membros dos conselhos de administração dos hospitais.

O grupo de peritos incluiu quinze especialistas em sistemas de saúde, nomeadamente em avaliação de desempenho do sistema, administração hospitalar, financiamento, sistema de informação e recursos humanos. A técnica de grupo nominal foi modificada com espaços de discussão dos resultados obtidos, antes de se proceder à obtenção de consensos através de votação. A utilização de votos pelos peritos foi relevante na superação de representações desiguais das diferentes opiniões. Através desta técnica, o grupo de peritos chegou a consensos sobre as principais medidas para melhorar o desempenho do sistema de saúde através da inovação.

TRIANGULAÇÃO

A análise de ambos os dados, qualitativos e quantitativos, contribuiu para obter uma imagem detalhada da relação entre inovação, flexibilidade e desempenho no sector hospitalar. A preocupação com a triangulação dos resultados surge da necessidade de confirmar a validade do processo de estudo. A combinação dos dados qualitativos e quantitativos de diferentes fontes tem o potencial de abrir novas perspetivas e novos modos de análise que teriam sido omitidos com um método simples (Greenhalgh *et al.*, 2004). A convergência das diferenças entre os resultados foi conseguida através da técnica de grupo nominal. Todos os dados se referem a 2007.

O estudo assenta na combinação de dados através da apresentação e discussão dos principais resultados durante o processo de investigação. Através desta metodologia, procura-se ainda analisar a concordância entre os diferentes atores envolvidos na inovação em saúde, abrangendo os profissionais de saúde, os gestores e os utilizadores dos serviços. Esta integração envolveu a análise de dados a partir de uma investigação quantitativa sobre a flexibilidade e a inovação com uma base de dados sobre o desempenho dos hospitais. Estes dados foram posteriormente utilizados para informar a subsequente recolha de dados qualitativos, inclusive o conteúdo e a estrutura da entrevista. A análise destes dados permitiu ainda identificar os melhores participantes para explicar o mecanismo por detrás dos resultados quantitativos. Desta forma, ambos os tipos de dados, quantitativos e qualitativos, foram integrados, de modo a conseguir uma compreensão mais completa do problema, assim como comparar, validar e triangular os resultados.

Caracterização da amostra

O questionário em papel foi enviado por correio para uma amostra nacional de 136 membros de conselhos de administração de hospitais, com base na lista oficial de hospitais do sector público português em 2007.

Destes, 95 administradores de 61 hospitais responderam ao questionário durante um período de três meses, o que correspondeu a uma taxa de resposta de 70 %. Um dos principais problemas levantados pela utilização de métodos de amostragem tem a ver com a representatividade da amostra, pelo que importa averiguar se a dimensão da amostra efetiva obtida neste estudo é representativa da população. Por conseguinte, procede-se à caracterização dos inquiridos e dos hospitais e à comparação da amostra obtida com a amostra teórica.

A distribuição dos inquiridos representa de forma aproximada as perspetivas dos membros dos conselhos de administração dos hospitais, sem diferenças significativas em termos de cargos desempenhados. É ainda de realçar que não se verificam diferenças nos padrões de respostas entre os inquiridos de acordo com o número de anos de cargo.

A Tabela 1 indica as percentagens das respostas obtidas em relação ao universo. Os dados revelam a existência de uma distribuição equilibrada dos hospitais no que se refere à dimensão quanto a número de camas, forma jurídica e níveis de especialização, identificados através dos níveis de financiamento por grupo de diagnósticos homogéneos (GDH). Através da comparação da estrutura de respostas da amostra pretendida (teórica) com a amostra obtida, verifica-se que as estruturas são semelhantes. Deste modo, é possível concluir que a amostra é representativa do universo estudado.

A distribuição das respostas dos inquiridos reflete o panorama hospitalar atual no que se refere a lotação de camas, forma jurídica e nível de especialização. A amostra é constituída por 45 (47 %) respostas de membros de conselhos de administração de hospitais Entidades Públicas Empresariais (EPE), 49 de hospitais do Sector Público Administrativo (SPA) e uma resposta de um hospital com gestão privada. Por outro lado, 77 das respostas dizem respeito a hospitais, ao passo que 17 das respostas correspondem a centros hospitalares. No que se refere ao nível de especialização, identificado por agrupamentos dos hospitais por financiamento por GDH, a estrutura da distribuição de respostas é também semelhante à do universo estudado.

Tabela 1: Caracterização da amostra teórica e amostra obtida

		Amostra Teórica n	Amostra Teórica %	Amostra Obtida n	Amostra Obtida %
Forma jurídica	EPE	31	37	45	47
	SPA	52	62	49	52
	Gestão privada	1	1	1	1
	Total	84	100	95	100
Nível de especialização	1	12	14	20	21
	2	8	10	15	16
	3	22	26	21	22
	4	42	50	38	40
	Total	84	100	94	100
Agrupamento hospitalar	Hospital	71	85	77	81
	Centro hospitalar	12	14	17	18
	ULS	1	1	1	1
	Total	84	100	95	100
		Média	DP	Média	DP
Lotação de camas		431	326	460	503

O Poder da inovação em saúde

Em todo o mundo, os sistemas de saúde beneficiaram de uma explosão de conhecimentos, inovações e tecnologias, que tornaram possível gerir doenças anteriormente fatais. E há todo um conjunto de novas expectativas de tratamento, ainda mais excitantes no horizonte próximo. Em contrapartida, o sistema de saúde experienciou aumentos significativos em termos de complexidade e de crescimento insustentável de despesas que não foram devidamente geridos.

O resultado é um paradoxo. Os avanços na ciência e na tecnologia conduziram à expansão do sistema de saúde com novas áreas de diagnóstico e tratamento. Contudo, o volume crescente de novas tecnologias revelou a fraca capacidade do sistema para gerir a sua aplicação na prática clínica. Isto reflete uma série de oportunidades perdidas na utilização eficiente de novas tecnologias para melhores resultados em saúde.

Deste modo, apesar dos impressionantes avanços científicos e tecnológicos, os ganhos em saúde podem ser uma verdadeira deceção. Por um lado, o conhecimento científico disponível não é devidamente aplicado na melhoria dos serviços de saúde. Por outro, a informação criada na prática diária raramente é utilizada na criação de novos conhecimentos. De facto, os sistemas tradicionais de transmissão de conhecimento, como a educação universitária e a formação profissional, são incapazes de manter o ritmo de mudança que estes avanços científicos impõem. E, sem uma resposta apropriada, as falhas no desempenho do sistema de saúde agravam-se em termos de qualidade e de custos, o que compromete a sua sustentabilidade e capacidade de responder aos desafios de hoje e do futuro.

O sistema de saúde revela hoje elevados níveis de ineficiência. Este desempenho é o resultado de um sistema fragmentado, com desafios crescentes no que se refere a coordenação e comunicação entre os profissionais de saúde e os utilizadores de serviços. Por exemplo, estudos anteriores revelam que um doente nos Estados Unidos da América vê, em média, sete médicos, inclusive de cinco especialidades diferentes, distribuídos por pelo menos quatro diferentes serviços de saúde (Pham, 2007). O envolvimento de um elevado número de profissionais de saúde nos cuidados a uma pessoa, sem a coordenação adequada, tende a esbater as linhas de responsabilidade pela integração de serviços. Na verdade, não é estranho que apenas 75 % dos doentes hospitalizados sejam capazes de identificar o médico responsável pela coordenação dos cuidados de saúde (Arora et al., 2009).

O sistema de saúde é habitualmente reconhecido como o sector menos eficiente da economia, com mais de 4 triliões de euros de despesas por ineficiência. Estes níveis de ineficiência do sistema de saúde correspondem a 42 % do seu valor económico total, comparado com apenas 17 % no sector das telecomunicações ou 25 % no sector dos transportes. A partir do nível de ineficiência no sistema de saúde, os economistas estimam que 38 % possa ser eliminado através de inovação (IBM, 2010).

Ao longo deste livro, pretende-se compreender melhor o impacto potencial da inovação na transformação do sistema de saúde. Neste capítulo em particular, analisa-se como os hospitais integram a inovação nas suas estratégias não só para conseguir mudanças incrementais, mas também para repensar a forma como desenvolvem serviços de saúde.

A maioria da literatura sobre inovação trata a importância desta como um dado adquirido. A inovação é definida como novas ideias que funcionam, enfatizando que se trata de uma nova forma de fazer melhor. Contudo, a investigação sobre inovação no sistema de saúde é ainda escassa. As políticas de inovação têm sido sobretudo informadas pela evidência científica a partir de outros sectores, como o sector das telecomunicações ou dos transportes (Mulgan e Albury, 2003). Existem diferenças significativas, como, por exemplo, o foco do sector da saúde no desenvolvimento de novos serviços, ao contrário do que acontece noutros sectores que se centram sobretudo no desenvolvimento de novas tecnologias. Aqui, a inovação corresponde sobretudo a mudanças na relação entre os serviços de saúde e os seus utilizadores. Por outro lado, a inovação noutros sectores é sobretudo estimulada pela vantagem competitiva das empresas, restringindo a partilha de inovações entre parceiros estratégicos. No sistema de saúde, a disseminação de inovações por todas as organizações é importante para criar valor. Uma vez reconhecidas estas diferenças, torna-se necessário apoiar a investigação especifica sobre a inovação em saúde (Greenhalgh et al., 2004).

A inovação tem sido amplamente descrita como motor de melhoria de desempenho e crescimento económico. Mas, ao invés de assumir que a inovação conduz necessariamente a melhorias de desempenho, há que analisar, de forma crítica, a relação entre a inovação e o desempenho específico do sector da saúde. Os decisores políticos, os profissionais de saúde, os gestores e os investigadores precisam de reconhecer, de forma mais explícita, as especificidades do sistema de saúde.

Na verdade, os esforços de inovação podem resultar em sucesso ou fracasso. A aprendizagem das organizações, em ambos os casos, é importante para uma melhor compreensão do processo de inovação, assim como dos seus principais facilitadores e obstáculos.

Apesar da visão cética do sistema de saúde como resistente à inovação, este estudo destaca como os hospitais e os serviços mais inovadores estão a criar o futuro da saúde em Portugal. Neste capítulo, procura-se compreender melhor por que motivo os hospitais inovam. Quais as principais finalidades da inovação em saúde? E quais os principais obstáculos à inovação neste sector? As respostas a estas questões revelam a relevância da inovação para os hospitais na transformação do sistema de saúde.

Resultados
Os resultados demonstram a importância da inovação como alavanca estratégica para melhorar o desempenho dos hospitais. De facto, a inovação está na agenda de todos os conselhos de administração dos hospitais públicos que consideram que a inovação é muito importante (58 %) ou bastante importante (42 %) para melhorarem o seu desempenho. Os resultados mostram ainda que, para 86 % dos inquiridos, o foco assenta sobretudo no desenvolvimento de inovações organizacionais, em vez de na mera aquisição de novas tecnologias.

A variável de inovação é construída a partir do número de inovações desenvolvidas pelo hospital num período de três anos. Com base nos resultados, esta variável apresenta uma distribuição normal, com valores que variam entre 0 a 16. Verifica-se que a maioria dos hospitais (78 %) desenvolveram novos produtos e serviços nesse período. No entanto, os hospitais EPE são mais inovadores do que os SPA. Os resultados mostram que 53 % dos hospitais EPE e 24 % dos hospitais SPA são inovadores.

Finalidades da inovação
Reconhecida a importância estratégica da inovação para os hospitais, quais são as principais finalidades para que estes se foquem e invistam no desenvolvimento de inovações? A Tabela 2 revela as principais finalidades da inovação do sector hospitalar em Portugal.

Tabela 2: Distribuição das respostas, por finalidades da inovação (%)

	Elevado	Médio	Baixo	Nada	Não sabe	Total
Eficiência do trabalho diário	53	40	7	0	0	100
Coordenação interna	62	37	0	0	2	100
Adaptação ao meio externo	45	49	3	0	3	100
Novos serviços	36	40	21	0	3	100
Novos conhecimentos	37	33	28	0	2	100

A melhoria de desempenho é considerada como o principal objetivo do desenvolvimento da inovação em 53 % dos hospitais incluídos neste estudo. A melhoria da qualidade e da flexibilidade organizacional, assim como a cooperação externa, são também referidas como as principais finalidades de inovação por mais de metade dos hospitais. Por último, a criação e transferência de conhecimento é um objetivo importante para cerca de um terço dos hospitais. É ainda de notar que apenas 28 % do número total de hospitais considera que o reforço da base de conhecimento da organização tem uma importância menor ou nula.

Com base nestes resultados, a questão-chave é: em que medida os objetivos de inovação representam fatores latentes com múltiplas dimensões comuns? A análise fatorial revelou dois fatores latentes como objetivos para o desenvolvimento da inovação, conforme apresentado na Tabela 3.

TABELA 3: **Análise factorial das finalidades das mudanças organizacionais**

	Componentes	
	Conhecimento	Efetividade
Eficiência do trabalho diário	-,045	**,941**
Coordenação interna	,158	**,898**
Adaptação ao meio externo	**,665**	,164
Novos serviços	**,907**	-,006
Novos conhecimentos	**,934**	-,022
Variação explicada	45 %	33 %

O primeiro fator abrange objetivos específicos, como a capacidade de renovar o conhecimento, o desenvolvimento de novos serviços e a adaptação ao meio externo. Este fator explica 45 % da variabilidade das respostas. O segundo fator corresponde à eficiência do trabalho diário e à coordenação interna e explica um terço da variação nas respostas.

Novos conhecimentos para mais desempenho

O estudo analisa ainda se os objetivos de inovação por parte dos hospitais variam de acordo com as suas características específicas. De modo geral, verifica-se que, à medida que a dimensão e o nível de especialização dos hospitais aumentam, a inovação que estes desenvolvem passa a orientar-se sobretudo para o desenvolvimento e aplicação de novos conhecimentos na prática diária. A Figura 3 e a Figura 4 revelam que os objetivos de desenvolvimento de inovações variam segundo a dimensão e o nível de especialização dos hospitais.

O VALOR DA INOVAÇÃO

FIGURA 3: Distribuição dos hospitais por dimensão e finalidades de inovação

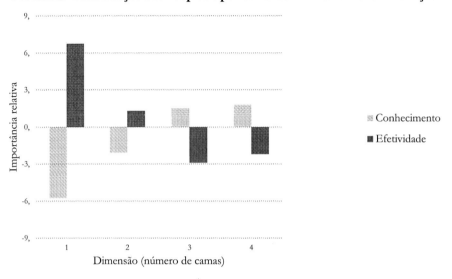

FIGURA 4: Distribuição dos hospitais por nível de especialização e finalidades de inovação

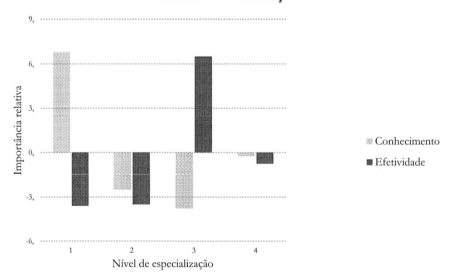

À medida que a dimensão dos hospitais aumenta, assiste-se a um foco crescente no conhecimento como resultado da inovação. Os hospitais de menor dimensão centram-se exclusivamente na melhoria de desempenho, ignorando a criação e a aplicação de novos conhecimentos na prática diária. Contudo, os hospitais de maior dimensão conferem particular relevância ao desenvolvimento e à utilização de novos conhecimentos como principal mecanismo para a melhoria de desempenho. Este grupo de hospitais de maior dimensão incluem um número elevado de hospitais universitários que interligam, de forma efetiva, a investigação com a prática clínica. A inovação acontece sobretudo ao nível da interação destes dois objetivos.

Os resultados apontam ainda para os objetivos da inovação desenvolvida pelos hospitais, de acordo com o seu nível de especialização. Os hospitais especializados em áreas específicas, como, por exemplo, o tratamento de doenças oncológicas ou a transplantação, inovam com a finalidade de criar e aplicar novos conhecimentos na sua área de especialidade. Por outro lado, os hospitais menos especializados focam-se na melhoria do seu desempenho, sem considerarem o valor acrescentado de novos conhecimentos através da inovação. Os restantes hospitais, com níveis intermédios de especialização, apresentam uma perspetiva mais equilibrada das finalidades da inovação para conseguir melhores níveis de utilização de conhecimento e de desempenho.

Nós não inventamos, nós inovamos

Com base na análise de conteúdo das entrevistas a membros dos conselhos de administração foi possível compreender o equilíbrio entre os múltiplos objetivos da inovação no sector hospitalar. Apesar de alguns hospitais se focarem em melhorias de desempenho ou desenvolvimento de conhecimentos, ambos os objetivos se reforçam mutuamente. De facto, a criação e a aplicação de novos conhecimentos na prática diária tem um impacto potencial na melhoria de desempenho global.

Os entrevistados referem que a inovação desenvolvida não se vê, materializando-se sobretudo num melhor desempenho do hospital. Os dois fatores principais correspondem à capacidade de criação de novos conhecimentos e de adaptação do hospital ao meio externo (ambos com 21 %). Os entrevistados referem que:

> *Nós não inventamos nada, nós inovamos. Não queremos inventar a roda, mas sim que a roda rode. Queremos que a roda ande da melhor forma possível.*

> *Os nossos projetos de inovação nascem da observação de como a organização funciona. Percebemos como a organização funciona para traduzirmos esse conhecimento em termos telemáticos. Por outro lado, precisamos de perceber o que se passa lá fora.*

Os hospitais obtêm vantagens distintivas através da aprendizagem contínua, quer individual, quer coletiva. No entanto, é realçado o facto de as tecnologias da informação e da comunicação (TIC) estarem a mudar radicalmente a forma como essa aprendizagem ocorre nos hospitais. Deste modo, os hospitais mais inovadores reestruturaram os processos de formação profissional de forma mais integrada na prática clínica diária.

Por outro lado, os entrevistados destacam ainda a importância de a inovação integrar a cadeia de serviços do hospital, com a finalidade de acrescentar maior valor para o utilizador final. Neste contexto, destaca-se a relevância atribuída por todos os hospitais à melhoria do contacto com o utilizador dos serviços através da inovação (13 %).

Neste sentido, os entrevistados destacam que:

> *Quase todos os doentes utilizam o telemóvel para comunicar (...) O hospital tem marcação de consultas por SMS, relembra o dia da consulta e o pagamento da taxa moderadora. Assim, conseguimos melhorar o contacto com os nossos doentes, reduzir o número de faltas às consultas em 12 %, e poupar dinheiro. O SMS custa três vezes menos do que uma carta.*

> *Há tecnologia, mas mantemos o aspeto de humanização. Temos um gabinete de relações públicas (24 horas do dia), com dois funcionários que estão em contacto com os familiares e os acompanhantes do doente.*

De acordo com as entrevistas, a inovação tem ainda a finalidade de melhorar o contacto dos serviços com os seus utilizadores através do desenvolvimento de vários canais de comunicação. Isto significa ainda utilizar novas tecnologias para personalizar os tratamentos e envolver os cidadãos na gestão da própria doença. Deste modo, a par do conhecimento científico, é possível ainda aceder ao conhecimento da pessoa no que se refere às suas necessidades, preferências e expectativas, o que é particularmente importante, dado que, o conhecimento científico, se não for adequado às especificidades de cada pessoa, não será efetivo.

Obstáculos à inovação
Segundo os resultados obtidos, os principais obstáculos à inovação correspondem a aspetos relativos ao financiamento de projetos de inovação ou aquisição de equipamentos tecnológicos. A estrutura organizacional pouco flexível, as regulamentações e normas que limitam o dinamismo da organização são outros dos obstáculos referidos.

Contudo, verificam-se diferenças entre os hospitais caracterizados, de acordo com os objetivos da inovação que desenvolvem. De facto, os hospitais focados no desempenho organizacional reconhecem que a estrutura organizacional pouco flexível e as regulamentações e normas são os principais obstáculos à inovação. Por outro lado, para os hospitais focados na criação de conhecimento, os obstáculos correspondem sobretudo ao financiamento de projetos de inovação e ao défice de orientação estratégica nacional. Estes hospitais consideram que o desenvolvimento de uma estratégia de inovação em saúde tem o potencial de promover áreas de cooperação com outros serviços e sectores da sociedade.

Discussão
A maioria dos hospitais aposta na inovação como estratégia para responder aos novos desafios de forma mais efetiva. Porém, os hospitais inovam com diferentes objetivos. A análise da interação entre os diferentes objetivos da inovação no sector hospitalar dá, antes de mais, a evidência de uma finalidade múltipla. A partir de uma perspetiva interna, as razões para os hospitais inovarem correspondem às dimensões relacionadas com comunicação interna e a eficiência do trabalho diário. Por outro lado, numa perspetiva externa, os objetivos centram-se na renovação do conhecimento, na maior cooperação entre organizações e na maior capacidade de adaptação ao meio externo.

O poder das novas tecnologias
A OMS define tecnologias de saúde como dispositivos médicos, medicamentos, procedimentos médicos e cirúrgicos utilizados na prevenção, diagnóstico e tratamento de doenças, assim como os sistemas organizacionais nos quais os cuidados são prestados (WHO, 2011).

Os dispositivos médicos e os medicamentos são artefactos materiais, próprios da visão comum das tecnologias como produtos físicos. Mas esta definição de tecnologias é demasiado limitada e não permite capturar o seu potencial na transformação do sistema de saúde. A tecnologia inclui ainda outros elementos importantes, apesar de menos tangíveis. De facto, o conhecimento associado a novas tecnologias é essencial para maximizar o seu impacto na transformação do sistema de saúde. Por exemplo, as diretrizes da OMS sobre higiene das mãos em cuidados de saúde são uma fonte de conhecimento que permitem a utilização efetiva de gel alcoólico para reduzir o risco de infecção hospitalar.

Por outro lado, as novas tecnologias com impacto em saúde vão além deste sector. Por exemplo, as tecnologias que promovem a segurança rodoviária, como capacetes de proteção ou *airbags*, têm grande impacto na saúde pública. Apesar de estas tecnologias não terem sido desenvolvidas especificamente para o sistema de saúde, têm um impacto significativo na saúde da população. As TIC são outro exemplo excelente ao tornarem-se plataformas-chave de serviços de saúde, capazes de desenvolver aplicações específicas para este sistema (Howitt *et al.*, 2012).

Os hospitais inovadores reconhecem a importância do conhecimento para melhorar o seu desempenho. Contudo, a confusão aparente entre o valor de informação e conhecimento tem estimulado os hospitais a investimentos em TIC, de forma isolada, o que resulta apenas em resultados económicos marginais. Esta desconexão entre investimentos significativos em TIC e o desempenho dos hospitais pode ser atribuída a falhas de comunicação, assim como a uma tradução pouco eficiente de novos conhecimentos na prática clínica diária.

De facto, estima-se que a comunicação é a causa de mais de 60 % dos erros médicos, com custos estimados de cerca de 6,5 mil milhões de dólares (Hickson *et al.*, 2002; JCAHO, 2005). A utilização das TIC representa assim um importante potencial para a transformação do sistema de saúde que deve ser explorado no caso português e europeu. A avaliação de um megaprojeto sobre *eHealth*, levada a cabo por seis das maiores instituições académicas do Reino Unido, revela dados interessantes sobre o impacto das TIC em termos de utilização de serviços e custo-eficiência. Os resultados preliminares demonstram que o desenvolvimento e utilização das TIC na saúde pode conduzir a reduções de cerca de 20 % em admissões de urgência, diminuição de 14 % em admissões eletivas e uma redução de 14 % em dias de internamento hospitalar. Ainda mais surpreendente, a correta utilização das TIC no sistema de saúde pode contribuir para uma redução de 45 % das taxas de mortalidade (Steventon *et al.*, 2012).

Contudo, o impacto potencial das TIC, como demonstrado pelo estudo, requer a sua disseminação por todo o sistema de saúde, no sentido de assegurar a sua transformação e conseguir maior retorno económico do investimento.

Apesar do poder das novas tecnologias, estas, só por si, não são suficientes para assegurar a melhoria de resultados em saúde. Para se traduzirem num melhor desempenho do sistema de saúde, as novas tecnologias devem ser acompanhadas pela inovação. Neste contexto, a inovação em saúde torna-se mais ampla, incluindo produtos, serviços e processos inovadores que promovam uma implementação e utilização eficiente das novas tecnologias. Os exemplos de inovação de processo incluem métodos para melhorar os serviços de saúde, como, por exemplo, resultados harmonizados e seis sigma.

A componente menos tangível da tecnologia: o conhecimento

As novas tecnologias correspondem à incorporação de conhecimentos numa forma codificada que se torna mais fácil de disseminar no sistema de saúde. Não há limites para o desenvolvimento de novos conhecimentos e avanços científicos, com exceção da nossa criatividade enquanto fonte de ideias novas.

A importância crescente do conhecimento advém sobretudo de duas características específicas. Primeiro, quando um indivíduo desenvolve uma ideia, ela torna-se disponível para a utilização ampla por diferentes atores, ao passo que os recursos tangíveis podem existir apenas num determinado local e tempo. Segundo, a utilização de novos conhecimentos acrescenta valor de forma cumulativa. Por outras palavras, a melhoria do desempenho a partir da criação de conhecimento permite novos investimentos em inovação, o que dá origem a retornos crescentes. Deste modo, novas ideias e novos conhecimentos acrescentam cada vez maior valor, à medida que a sua utilização e disseminação aumenta.

Ao consideramos o hospital como um conjunto de recursos e competências, o efeito da inovação reflete a transformação das suas capacidades internas em maior capacidade de aprendizagem e de exploração de novas ideias. Estes avanços na flexibilidade dos hospitais são cruciais face às condições externas em mudança. O que é de especial interesse aqui é que os hospitais combinam os elementos envolvidos na criação de uma organização flexível, nomeadamente em termos da sua adaptabilidade à mudança e resposta aos utilizadores dos serviços. Isto pode sugerir que, apesar da finalidade da inovação orientada para a eficiência da prática clínica diária, os hospitais procuram ainda ser organizações de aprendizagem. Esta é uma perspetiva que será analisada em maior detalhe num capítulo mais à frente.

Os resultados demonstram que os hospitais desenvolvem inovação para melhorar o desempenho. Mas como é que a inovação resulta em níveis de desempenho superior? Geroski (2000) sugere duas perspetivas alternativas. A primeira perspetiva considera que a criação de novos produtos e processos reforça o desempenho dos hospitais. Contudo, as melhorias de desempenho são transitórias e duram apenas enquanto os hospitais mais inovadores puderem sustentar tais avanços. A outra alternativa reconhece que o processo de inovação transforma os hospitais através do desenvolvimento das suas capacidades de aprendizagem, tornando-o mais flexível face às mudanças externas, em comparação com os não inovadores. O hospital melhora o seu desempenho como produto de atividades inovadoras. Por sua vez, o processo de inovação transforma as capacidades dos hospitais para a criação e utilização efetiva de novos conhecimentos.

O envolvimento dos utilizadores de serviços é central para assegurar a existência de hospitais que aprendam a ser mais eficientes. Os profissionais de saúde fornecem informação a partir do seu saber científico no que se refere a opções de tratamento, ao passo que os utilizadores trazem conhecimento pessoal sobre a adequação dos diferentes tratamentos às suas circunstâncias específicas. Ambas as perspetivas são necessárias para a seleção da opção de tratamento mais efetiva.

O envolvimento dos cidadãos é cada vez maior com a utilização de novos serviços de saúde, como, por exemplo, serviços domiciliários ou *on-line*. Estas inovações permitem ao hospitais serem mais proativos na gestão e prevenção de doenças, como sejam a hipertensão ou a diabetes.

Barreiras à inovação
Reconhecendo que os hospitais veem a inovação como essencial para a criação de conhecimento e melhor desempenho, porque é tão difícil inovar em saúde? Quais as principais barreiras que comprometem a capacidade de inovação?

Os resultados deste estudo sugerem que existem várias barreiras de inovação, quer ao nível interno, quer ao nível externo dos hospitais. As barreiras externas aos hospitais incluem a falta de infraestrutura, as deficiências em sistemas de educação, a legislação inapropriada e a má utilização dos talentos existentes no sistema de saúde. Por outro lado, as principais barreiras internas incluem estruturas hierárquicas, processos organizacionais rígidos, resistência à mudança e atitudes avessas ao risco.

Durante o processo de inovação, as possíveis falhas de conhecimento organizacional inibem a capacidade de atingir os objetivos do hospital. Estas falhas ao nível do conhecimento ativam o processo de aprendizagem, da mesma forma que as falhas de desempenho tendem a promover inovação (Rogers, 1995).

As estratégias de resposta organizacional para ultrapassar estas barreiras de conhecimento, através de aprendizagem organizacional, pode ser conseguida por via de:
- Renovação ou introdução das novas rotinas organizacionais para facilitar circuitos de retorno e promover redes de inovação;
- Integração de conhecimentos externos no desenvolvimento de capacidades de aprendizagem interna;
- Reestruturação do processo de inovação como mudança organizacional para estimular novos mapas conceptuais;
- Formalização da criação e partilha de conhecimento como rotinas organizacionais, promovendo a institucionalização dos processos de aprendizagem.

O financiamento de projetos estratégicos de inovação com potencial de transformar o sector hospitalar e o sistema de saúde corresponde à barreira referida por todos os hospitais. Neste contexto, os entrevistados destacam a necessidade de assegurar que os ganhos em eficiência se traduzem em investimentos para a inovação, de forma a assegurar melhorias sustentadas do desempenho.

A evidência anterior destaca um elevado crescimento das despesas em saúde, assim como importantes oportunidades para conseguir ganhos de eficiência no sector. Deste modo, reduzir tratamentos dispendiosos com baixo valor marginal é um objetivo importante. No entanto, esta necessidade deve ser ponderada tendo em conta o seu impacto sobre a capacidade de inovação do sistema de saúde. As políticas de saúde podem resultar em menor adoção de tratamentos de baixo valor ou limitar o efeito de expansão de tratamentos apenas às pessoas que possam beneficiar de resultados esperados superiores aos custos associados. Neste caso, verifica-se um aumento da produtividade, apesar de se reduzir a capacidade de inovação. Por outro lado, uma vez que afetam também a capacidade de criar e adotar inovações que acrescentam valor significativo, estas políticas podem comprometer o crescimento da produtividade a longo prazo. Deste modo, os resultados sugerem que o impacto de inovação em saúde deve ser monitorizado de forma contínua e rigorosa.

Conclusões
Este estudo aponta os objetivos específicos principais da inovação em saúde. O sistema de saúde é marcado pela transição demográfica e epidemiológica atual, que requer a utilização do potencial de novas tecnologias que visem criar novos serviços de saúde. Contudo, a disseminação de inovações identificadas nos hospitais mais inovadores por todo o sistema de saúde pode demorar vários anos, apesar da evidência de resultados melhores.

O processo de inovação exige esforço adicional devido à necessidade de mudanças significativas a nível de tecnologia e organização, assim como do conhecimento necessário para tais mudanças. Cada fase dos diferentes processos que moldam a saúde desenvolve-se através da identificação, assimilação e aplicação de novos conhecimentos na prática diária de cuidados de saúde.

As ineficiências na transformação de novos conhecimentos em novas práticas contribuem para uma série de oportunidades perdidas com impacto negativo no desempenho do sistema de saúde. Deste modo, a promoção da inovação deverá assentar no desenvolvimento de um sistema capaz de aproveitar a base crescente de conhecimento do sistema de saúde e de outros sectores, assim como de assegurar a implementação consistente das melhores práticas.

As características próprias dos hospitais mais inovadores residem na criação contínua de novos conhecimentos e na aplicação destes. A partir dos níveis de informação disponíveis, os profissionais de saúde e os utilizadores de serviços têm acesso a orientações relevantes e atempadas para a tomada de decisão. Isto é possível, devido ao desenvolvimento de capacidades de computação e abordagens analíticas para ter informação em tempo real, a partir da prática clínica diária.

A finalidade última do sistema de saúde é melhorar a saúde das pessoas e da sociedade. O sistema de saúde está em mudança e persegue o seu valor definido num novo contexto totalmente novo. A criação de valor depende de uma melhor compreensão dos dados clínicos e de uma maior clareza em relação ao que é preciso para melhorar a saúde, tendo em conta as especificidades da pessoa e da comunidade, de maneira a promover os serviços do futuro.

Vivemos um momento de importantes mudanças para o sistema de saúde, e muitos hospitais estão a utilizar as oportunidades criadas pela maior capacidade de recolher e tratar dados e informação. A implementação de mudanças efetivas tem o potencial de reinventar os serviços, os resultados e os custos, criando um novo sistema de saúde. Os próximos capítulos procuram demonstrar como os sistemas de saúde podem beneficiar ao máximo destas novas oportunidades.

A nova natureza da inovação

A crise económica atual afecta de forma dramática muitas economias da Europa, fazendo com que os governos enfrentem escolhas difíceis para, em simultâneo, reduzir o défice público e estimular a economia. Os debates em curso incluem importantes reformas do sistema de saúde no sentido de maior controlo da despesa e eficiência dos serviços de saúde (WHO, 2013b).

O controlo das despesas em saúde é uma questão crítica que deve ser abordada a par de outras necessidades da sociedade, em particular no contexto de circunstâncias mais imediatas, como esta crise económica e financeira. O desafio não reside apenas num equilíbrio da alocação de recursos nos diferentes sectores da economia que traduza as prioridades nacionais. Importa também assegurar melhorias de desempenho do sistema de saúde que demonstrem valor acrescentado nos resultados em saúde e nos custos a eles associados. Face a estes desafios, vários autores sugerem que os sistemas de saúde não podem manter a fragmentação e a baixa capacidade de inovação atuais (Greenhalgh *et al.*, 2004).

Deste modo, assiste-se a um foco crescente na inovação no sentido de se obter um melhor desempenho. Neste contexto, vários países europeus têm iniciado esforços para desenvolver sistemas de avaliação de tecnologias e analisar o verdadeiro impacto destas na melhoria dos cuidados de saúde. Mas este foco reflete ainda uma deslocação fundamental da mera adoção de novas tecnologias para novas formas de organização. Vários estudos anteriores demonstram que o factor-chave da utilização de novas tecnologias para obter melhorias de desempenho é a inovação organizacional (Gjerding, 1996; Sheaff *et al*, 2003; Greengalgh *et al*, 2004).

É hoje reconhecido que a maioria das ideias emergem de fontes inesperadas, habitualmente de organizações fora do sector da saúde. A cooperação é um aspeto central para o desenvolvimento de inovações em saúde. De facto, o processo de inovação é cada vez mais aberto, requerendo o acesso e a combinação de conhecimento de diferentes departamentos e sectores da economia (Laursen e Salter, 2004; Grodal e Thom, 2009). Dada a natureza complexa da inovação, os hospitais têm, necessariamente, de explorar novos conhecimentos noutros serviços de saúde ou mesmo noutros sectores. Estas redes de colaboração que atravessam as fronteiras organizacionais tradicionais podem ser conceptualizadas como "cadeias de valor da inovação". Aqui, cada organização não é parte de uma cadeia fixa, mas de uma rede de várias partes interessadas na mudança contínua (Porter e Teisberg, 2006; Lavie, Kang e Rosenkopf, 2011). Os hospitais analisados neste estudo introduziram várias iniciativas orientadas no sentido de promover o acesso, melhorar a qualidade dos cuidados, acrescentar valor em saúde e assegurar mais saúde para todos. Além do mais, a disseminação de algumas destas iniciativas por todo o sistema de saúde pode maximizar o impacto transformador da inovação. Por conseguinte, há a necessidade crescente de implementar novas parcerias e redes de cooperação para testar inovações que acrescentem valor aos serviços de saúde. Em vários contextos, os diferentes atores do sistema de saúde devem trabalhar para objetivos partilhados no que se refere ao controlo de custos e à melhoria da qualidade. A convergência destas novas parcerias e os investimentos em infraestruturas de conhecimento partilhado criam novas oportunidades para os hospitais mais inovadores, assim como para a transformação do sistema de saúde.

Neste contexto, a inovação é vista como o resultado de múltiplas interações entre os seus produtores e utilizadores. Esta mudança nos processos de inovação representa uma alternativa importante ao formato tradicional de investigação e desenvolvimento (I&D). De facto, as fontes de inovação foram expandidas dos tradicionais laboratórios de I&D para amplas redes de colaboração entre diferentes organizações (Von Hipel, 2005; Chesbrough, Vanhaverbeke e West, 2006).

Apesar da evidência de outros sectores da economia, há que reconhecer as especificidades do sistema de saúde que tornam a inovação um processo particularmente complexo. Isto tem particular relevância no contexto atual de reformas da saúde (Hicks e Katz, 1995; Greenhalgh, *et al.*, 2004). Aqui, o objetivo é identificar os principais motores da inovação do sector hospitalar em Portugal. Este capítulo explora ainda os principais mecanismos que promovem a abertura dos hospitais à cooperação externa no desenvolvimento de inovação em saúde.

Resultados

De acordo com os resultados obtidos, verifica-se que, à medida que o nível de flexibilidade organizacional dos hospitais aumenta, a maior utilização das tecnologias de TIC e de outras tecnologias é traduzida numa maior capacidade de inovação. A Figura 5 sugere um aumento linear da implementação de tecnologias e da inovação ao longo do índice de flexibilidade organizacional. Curiosamente, a implementação das TIC aumenta, de forma quase exponencial, com a flexibilidade organizacional, o que reflete o papel importante destas tecnologias como plataformas-chave para o desenho de novos serviços, capazes de apoiar uma diversidade de programas e aplicações específicas do sistema de saúde.

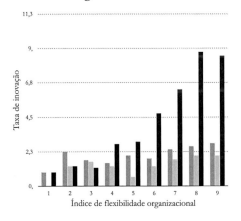

Figura 5: Inovação e adoção de novas tecnologias ao longo do índice de flexibilidade organizacional dos hospitais

De seguida, com base nestes resultados, a flexibilidade organizacional foi decomposta nos seus principais componentes através de análise fatorial. Esta análise permitiu reduzir o número de fatores e manter os aspetos com maior capacidade explicativa e preditiva no que respeita à sua variância.

Deste modo, as treze dimensões empíricas da flexibilidade organizacional foram agrupadas em cinco fatores principais, que são responsáveis por 71 % da variância total.

TABELA 4: Análise fatorial da flexibilidade organizacional

	Flexibilidade Interna			Flexibilidade Externa	
	Estrutura/ processos	Desenvolvimento profissional	Autonomia	Tecnologias/ inovação	Cooperação externa
Grupos transversais	**,908**	,013	,011	,108	,007
Círculos de qualidade	**,843**	,062	,088	,147	-,142
Rotação entre funções	**,255**	-,149	-,260	,275	,189
Integração de serviços	**,674**	,155	-,113	,036	,409
Formação profissional continua	,005	**,809**	-,079	,291	,053
Formação profissional	,194	**,630**	-,487	,048	,216
Planeamento de formação	**,582**	,235	,272	,009	,481
Delegação de funções	,124	**,674**	,302	-,085	,008
Planeamento integrado	,105	,031	**,823**	,017	-,042
TIC	,005	,127	,347	**,688**	,206
Outras tecnologias	,028	,174	-,054	**,805**	,301
Novos serviços	,341	-,052	-,198	**,760**	,009
Cooperação externa	-,107	,180	,026	,244	**,810**
Variação explicada	28,304	10,821	7,214	14,223	10,066

O primeiro fator, relativo a estrutura e processos organizacionais, inclui quatro dimensões de flexibilidade, nomeadamente grupos transversais de trabalho, círculos de qualidade, rotação de funções e integração de serviços. Este fator inclui todas as principais dimensões relacionadas com a organização integrativa e de gestão da qualidade e explica 28 % da variância total. O segundo fator, relativo ao desenvolvimento profissional, inclui o planeamento de formação a longo prazo, alinhada com os objetivos organizacionais, que explicam 11 % da variação total. O terceiro fator, autonomia profissional, está relacionado com a rotação planeada de tarefas e delegação de funções, que explicam cerca de 7 % de variação. O quarto fator, relativo a tecnologias, inclui a utilização de tecnologias de informação e comunicação, assim como outras tecnologias médicas, com capacidade para explicar 14 % da variação total. Por último, o quinto fator, cooperação externa, corresponde ao nível de colaboração entre os hospitais e outras organizações, inclusive empresas subcontratadas, centros de investigação e utilizadores dos serviços de saúde. Este fator explica 11 % da variância total.

Mas quais destes cinco fatores identificados têm maior influência na capacidade de inovação dos hospitais? Para responder a esta questão, foi desenvolvido um modelo de regressão logística com a inovação como variável dependente e os cinco fatores organizacionais como variáveis explicativas. A Tabela 5 revela que quatro dos cinco fatores têm um impacto significativo na capacidade dos hospitais.

TABELA 5: **Regressão logística dos factores de flexibilidade sobre a inovação**
(com extração de fatores por *Backward LR*)
(*Odds ratios*, intervalos de confiança de 95 %, estimativas e *P-values*)

	Efeito	Mínimo	Máximo	Estimativa	Qui-quadrado	Significância
Estrutura e processos	3,56	1,62	7,82	1,27	10,03	,002
Desenvolvimento profissional	2,28	1,12	4,65	,82	5,11	,024
Autonomia dos profissionais	2,72	1,30	5,70	1,00	7,07	,008
Cooperação externa	6,84	2,54	18,42	1,92	14,49	,000
Constante	,52	-	-	-,66	4,55	,033

Os resultados demonstram que os hospitais com estrutura achatada e processos assentes no trabalho em equipa e na integração de serviços apresentam uma capacidade três vezes maior de inovação (*odds ratio* de 3,56). O mesmo se verifica entre os hospitais que apostaram numa maior autonomia dos profissionais e no seu desenvolvimento profissional (respetivamente 2,72 e 2,28).

A cooperação externa é o fator com maior influência na capacidade de inovação dos hospitais. Os hospitais integrados numa vasta rede de cooperação externa apresentam uma probabilidade cerca de 6,84 vezes maior de desenvolver inovação. Os resultados destacam ainda que as novas tecnologias não têm influência na capacidade de inovação dos hospitais, pelo que estas foram excluídas do modelo de regressão logística. De facto, considera-se que a aquisição de novas tecnologias é o mais fácil de fazer. O verdadeiro desafio passa por aproveitar ao máximo o seu potencial, através da sua integração na organização.

Parceiros estratégicos da inovação em saúde

Como se pode ver pela Tabela 6, a maioria dos hospitais estabelece fortes relações de cooperação com instituições de ensino, por exemplo, como campos de estágio (46 %). No entanto, apenas uma pequena percentagem de hospitais estabeleceram fortes relações de cooperação com instituições de investigação e de consultoria (13 % e 8 %, respetivamente). Estas organizações centradas na criação de conhecimento têm uma importância particular na promoção da inovação (Gjerding, 1996). Surpreendentemente, verifica-se que apenas uma pequena proporção de hospitais estabelecem relações de cooperação forte com outras organizações de serviços de saúde (15 %). A maioria dos inquiridos caracteriza estas relações como médias ou pequenas (70 % no total).

TABELA 6: Nível de cooperação com parceiros externos (%)

	Elevada	Média	Pequena	Nenhuma	Não sabe
Utilizadores dos serviços	25	20	37	13	5
Organizações subcontratadas	18	35	37	7	2
Organizações de consultoria	8	33	44	13	2
Outras organizações de saúde	15	39	32	11	2
Instituições de investigação	13	23	33	30	2
Instituições de ensino	46	27	16	10	1

A partir da análise de conteúdo das entrevistas acerca dos fatores da cooperação interorganizacional que influenciam a capacidade de inovação dos hospitais foram estabelecidas três categorias principais: definição de alianças estratégicas amplas; estabelecimento de redes de parceria; integração do desempenho.

A falta de confiança entre as várias organizações do sistema de saúde traduz-se na inexistência de estratégias conjuntas para enfrentar problemas comuns. Deste modo, assiste-se a um desenvolvimento linear de serviços de saúde que se traduz na duplicação de serviços e na criação de um sistema de saúde demasiado confuso para os utilizadores.

Os entrevistados destacam a necessidade de apoio dos organismos centrais e regionais a redes de cooperação centradas no valor para o utilizador final. O enquadramento regional e nacional da estratégia do hospital e a identificação de áreas de cooperação entre as organizações envolvidas nessas alianças estratégicas é um primeiro passo fundamental para a promoção da confiança entre as organizações do sector público.

Estas redes de cooperação não se limitam aos serviços de saúde. De facto, os hospitais inovadores estabelecem redes de cooperação mais vastas, designadamente com o sector tecnológico e de comunicações. A integração do hospital na comunidade, como promotor de estratégias locais de saúde, é considerada essencial no sentido de assegurar esforços conjuntos em relação aos desafios locais. Os entrevistados destacam a cooperação externa como a característica principal dos hospitais mais inovadores:

> *Temos alianças estratégicas com outras organizações e financiamos os projetos desenvolvidos com base numa ampla estratégia conjunta. O dinamismo das nossas redes é uma questão central para o nosso desempenho (...)*

Discussão

Este estudo aponta a estrutura e os processos organizacionais, o desenvolvimento e a autonomia profissional, as novas tecnologias e a cooperação externa como os principais fatores de inovação no sector hospitalar. Os fatores excluídos do modelo de regressão logística são consistentes com o quadro conceptual do estudo. Esta abordagem coloca uma ênfase menor na inovação tecnológica e confere uma importância particular à flexibilidade organizacional, à cooperação externa e aos recursos humanos.

O modelo apresentado demonstra que quatro dos cinco fatores têm um efeito significativo sobre a capacidade de inovação dos hospitais. É surpreendente que o fator relativo à tecnologia tenha sido excluído do modelo. Trata-se de um resultado particularmente relevante, dado que as novas tecnologias sempre tiveram um papel central no desenvolvimento de inovação. No sistema de saúde, as novas tecnologias transformam os serviços prestados de duas formas principais: por efeito de substituição ou expansão de tratamento. Numa perspetiva mais tradicional, olha-se para a inovação tecnológica no contexto da substituição de tratamentos, em que a nova tecnologia substitui a tecnologia anterior. Neste casos, os custos unitários podem aumentar ou diminuir, e é provável que os resultados em saúde melhorem. O efeito da expansão de tratamento acontece quando os profissionais de saúde diagnosticam e tratam doenças com maior frequência, dado que os tratamentos se tornam mais seguros e fáceis de aplicar.

Por outro lado, as pessoas estão mais atentas à sua condição de saúde ou de doença quando existe um tratamento efetivo. Por exemplo, o número de cirurgias a cataratas aumentou, à medida que o procedimento se tornou mais simples e seguro. Deste modo, a expansão de tratamento leva ao aumento dos custos, mas também pode melhorar os resultados em saúde.

Contudo, assiste-se a uma mudança do papel das novas tecnologias, de motor para facilitador da inovação em saúde. Muitos hospitais olham para a tecnologia como uma oportunidade de agilizar os processos e reduzir os custos. No entanto, estas instituições destacam sobretudo a disseminação das melhores práticas clínicas e a integração em redes de cooperação externa como aspetos cruciais na otimização da utilização de novas tecnologias.

O fator de cooperação externa apresenta o maior efeito na capacidade de inovação dos hospitais, o que sugere que os hospitais integrados em redes de cooperação externa dinâmicas apresentam uma capacidade seis vezes maior de desenvolver inovação, em comparação com os hospitais que permanecem isolados. Esta interdependência é particularmente relevante, dado que nenhum hospital é capaz de inovar só por si. Face a esta nova natureza da inovação, torna-se necessária uma diversidade de competências para enfrentar os desafios atuais e emergentes.

O fator relativo à estrutura e aos processos organizacionais revela um efeito significativo semelhante, ao triplicar a capacidade de inovação dos hospitais. Isto significa que os hospitais com uma estrutura mais achatada e baseada em redes internas dinâmicas têm uma probabilidade três vezes maior de desenvolverem inovação do que hospitais com uma estrutura hierárquica rígida. O desenvolvimento de redes internas, como, por exemplo, os círculos de qualidade e as equipas transversais para a criação de ideias e a resolução de problemas, destaca-se como uma questão fundamental. Por último, a autonomia e o desenvolvimento profissional apresentam também um impacto significativo sobre a capacidade de inovação dos hospitais.

Este modelo pode ser visto como uma verificação de aspetos teóricos relacionados com o comportamento inovador dos hospitais, o que indica que os hospitais focados na cooperação externa são os mais inovadores. Este estudo mostra ainda que a integração de processos organizacionais, assim como o desenvolvimento e a autonomia profissional, tendem a produzir resultados na mesma direção. Na verdade, a turbulência do ambiente externo desencadeia uma série de mudanças organizacionais no hospital, bem como através de redes mais amplas de colaboração externa com outros serviços de saúde, universidades, empresas subcontratadas e os próprios utilizadores dos serviços.

As soluções que se baseiam em abordagens sistémicas implicam mais inovação organizacional do que tecnológica. De facto, os resultados reforçam a evidência empírica anterior ao demonstrar que a melhoria de desempenho não se deverá principalmente à utilização das novas tecnologias, mas sobretudo à redefinição de serviços de saúde integrados (Berwick, 2003; Etheredge, 2007).

Os principais parceiros para o desenvolvimento da inovação
A cooperação externa tem um papel-chave na promoção da inovação em saúde. Quando estas redes de cooperação se tornam mais amplas, revelam uma maior heterogeneidade. As diferenças culturais e geográficas entre hospitais e outras organizações podem prejudicar a eficiência da sua interação, o que é relevante quando se trata de inovações complexas e em constante mutação. Nestes casos, a promoção de uma cultura de inovação permite estabelecer códigos tácitos de conduta e facilitar a descodificação de mensagens mais complexas. As características gerais do sistema de inovação em saúde incluem a cooperação estreita entre hospitais e universidades, o papel crescente da terciarização para o sector privado e a participação dos utilizadores como coprodutores de inovação.

As universidades são os principais colaboradores para mais de metade do número total de hospitais. Estas detêm o papel central de promover ligações entre os hospitais e outras organizações, aumentando o dinamismo das redes de inovação. Estes resultados enquadram-se no novo conceito de economia com base no conhecimento, que enfatiza as universidades como peça central no processo de inovação.

As empresas subcontratadas são outro parceiro-chave para mais de um quarto dos hospitais. No entanto, as diferenças de gestão, culturais e organizacionais entre o sector público e o privado podem dificultar a cooperação entre os hospitais e as empresas privadas subcontratadas. Os diferentes graus de cooperação com empresas subcontratadas revelam o nível de especialização dos hospitais e a necessidade de se focarem nas suas competências nucleares.

Apesar do elevado nível de cooperação com as universidades e as empresas subcontratadas, os dados revelam um foco crescente no utilizador dos serviços de saúde. Existe já um elevado nível de cooperação com os utilizadores em cerca de um quarto dos hospitais. Apenas 12 dos hospitais não têm qualquer tipo de cooperação com os utilizadores. Assiste-se ao reconhecimento crescente da importância do envolvimento do utilizador como catalisador de mudanças nos serviços. Hoje, o conhecimento das necessidades e comportamento dos utilizadores integra a estratégia da organização. É neste contexto que os hospitais estão cada vez mais focados no desenvolvimento de plataformas para o diálogo construtivo com os utilizadores e na integração da resposta destes no sentido de melhoria dos serviços.

Deste modo, os hospitais veem reforçado o potencial para cocriação de inovação com os utilizadores. Estes resultados contribuem para apoiar esforços importantes ao nível nacional e europeu no redesenho dos sistemas de saúde centrados na pessoa (Chesbrough, 2003; Von Hippel, 2005).

Mecanismos para a promoção da cooperação externa

Este estudo explora também os mecanismos centrais através dos quais os hospitais redesenham a sua interação com os diferentes parceiros no desenvolvimento de inovações. Os resultados sugerem que os hospitais inovadores não só são mais abertos a fontes externas como também estão mais focados em captar os retornos de inovação.

Os principais mecanismos de cooperação externa correspondem à promoção de confiança e à gestão do conhecimento. Além disso, melhorar a comunicação entre os diferentes parceiros de inovação e assegurar o foco no valor para o utilizador ao longo da interação colaborativa são fundamentais.

Os resultados revelam que o principal obstáculo à inovação são as falhas de comunicação. Trata-se de lacunas que se devem sobretudo a ambientes em mudança constante e a processos administrativos altamente complexos. As informações necessárias para a tomada de decisões não estão disponíveis de imediato para os hospitais e restantes partes interessadas. As TIC trazem novas oportunidades para reforçar a dinâmica de redes de inovação e o impacto destas ao nível dos cuidados de saúde. À medida que a partilha de informação entre as partes interessadas é reforçada, torna-se necessário um maior foco na gestão de informação e conhecimento. De contrário, o seu impacto revelar-se-á contraditório. Portanto, a gestão do conhecimento trata-se não só de orientar os processos de inovação, mas também de criar condições estruturais para estimular os profissionais de saúde a envolverem-se, cada vez mais, numa aprendizagem interativa.

Finalmente, os resultados destacam o papel central do utilizador nestas redes de inovação. Apesar de a relevância do valor da inovação ser consensual, cada participante tem uma perspetiva diferente, como é natural. Uma plataforma conjunta para um diálogo construtivo em toda a rede de cooperação traduz-se no potencial de obter consensos sobre os elementos comuns do valor da inovação. No entanto, o aspeto comum central a todos será sempre o foco no utilizador dos serviços. Deste modo, o valor da inovação pode ser melhor descrito em termos da qualidade das relações com o utilizador e dos resultados de saúde. Em resumo, o desafio atual dos hospitais reside na conceção de um processo de inovação centrado no utilizador e na promoção da sua participação ativa enquanto coprodutor de inovação em saúde.

Conclusões

Este estudo revela a natureza aberta da inovação no sector hospitalar. Através da criação de parcerias e colaborações entre hospitais e outras organizações, surgem novos ecossistemas de elevado potencial para a inovação em saúde, nos quais o êxito dos hospitais será devido não à sua tecnologia, mas a uma abordagem mais integrada na prestação de serviços centrados no utilizador.

No passado, a tecnologia e a competição foram os principais motores de inovação. As organizações tinham sobretudo um modo de pensar de "dentro para fora". A partir de recursos internos, os hospitais projetaram novos produtos e serviços, recorrendo a novas práticas de *marketing* para promover a sua utilização.

As novas tecnologias sempre desempenharam um papel central na promoção da inovação e continuarão a fazê-lo no futuro. Porém, estas tecnologias passaram gradualmente de motor para facilitador de inovação. Novos motores de inovação ganharam particular relevância, tornando-se tão importantes como a tecnologia já foi. Hoje, os hospitais têm de se tornar mais abertos, ou seja, devem aprender com os seus utilizadores e colaborar com outras organizações em redes de inovação mais amplas. De contrário, a capacidade do sector hospitalar responder aos novos desafios será cada vez mais reduzida e ineficaz.

O estudo aponta para uma nova natureza da inovação em saúde, mais aberta e focada no utilizador dos serviços. Os hospitais não inovam de forma isolada, mas como parte integrante de diferentes redes, para as quais contribuem com conhecimentos e competências específicos. A inovação ocorre por meio da interação e cocriação entre hospitais e um vasto conjunto de parceiros. Torna-se necessário um quadro analítico que olhe para a inovação além do hospital. A análise da extensão e da intensidade de cooperação externa corresponde aos próximos passos no mapeamento das interações entre os hospitais e outras organizações no desenvolvimento de inovação.

Desenvolver instrumentos e competências para a colaboração é essencial para trabalhar com os utilizadores dos serviços, os financiadores, os prestadores e outros parceiros do sistema de saúde. A capacidade de inovação assenta na partilha de ideias e informação, no envolvimento em relações de ganhos mútuos e na vontade de redefinir e reinventar o seu próprio papel. Deste modo, a maioria dos hospitais deve alavancar os seus valores centrais em novas parcerias e iniciativas. Criar serviços de saúde centrados na pessoa significa que todas as organizações devem partilhar dados e conhecimentos, assim como inovar com parceiros fora das habituais fronteiras do sistema de saúde.

A nova natureza da inovação neste sector deverá necessariamente reformular as políticas públicas. O desenvolvimento de redes de cooperação externa deve ser estimulado a diferentes níveis. A maior cooperação entre os hospitais e os centros de saúde é central para assegurar a integração de cuidados de saúde centrados na pessoa. A outro nível, a cooperação com outros sectores da sociedade é relevante para uma intervenção mais alargada na comunidade, inclusive do lado da procura de serviços de saúde. Estas redes mais próximas do cidadão e das comunidades são capazes de desenhar intervenções mais efetivas, tendo em conta as especificidades locais da comunidade, ao mesmo tempo que beneficiam dos recursos ao nível global.

As principais implicações advêm da forma como os diferentes atores contribuem para o desenvolvimento da inovação. Existe uma grande variedade de formas de desenvolvimento de inovação em saúde. A inovação pode acontecer de cima para baixo, através de políticas nacionais de inovação, e/ou de baixo para cima, a partir dos contextos locais, ou de forma lateral, através de disseminação entre os diferentes sectores da economia.

Cada formato implica uma configuração diferente de atores e instituições, com diferentes papéis para os decisores políticos, gestores e cidadãos.

Os resultados deste estudo apontam para três opções políticas no sentido da promoção da inovação em saúde centradas sobretudo na amplitude e na diversidade das redes atuais de cooperação externa. Em primeiro lugar, a capacidade de inovação sai reforçada ao garantir que os profissionais de saúde são informados e capacitados nos diferentes níveis do sistema de saúde. Isto significa que estes profissionais têm espaço suficiente para a criatividade e, em simultâneo, controlam o seu desempenho face aos objetivos operacionais previamente definidos e negociados. Segundo, à medida que os hospitais desenvolvem sistemas integrados de informação, será importante apoiar a troca de informação e a gestão do conhecimento no sector da saúde. Terceiro, a estrutura política deve apoiar uma participação ampla e dinâmica dos principais parceiros no desenvolvimento de inovação através de sistemas de incentivos.

Neste contexto, os hospitais, outros serviços de saúde, universidades e utilizadores de serviços têm a oportunidade de moldar as políticas e práticas, de modo a acelerar a inovação e a transformação do sistema de saúde. O desenvolvimento de esquemas de incentivos permitirá mudanças sistémicas e culturais, assim como estabelecer redes de cooperação externa entre os diferentes sectores da economia.

Organizações de aprendizagem

As mudanças atuais no contexto económico podem ser descritas através do conceito de economia da aprendizagem (Lundvall e Johnson, 1994), cujo argumento central é o de que, além da sua crescente utilização na economia, o conhecimento se tornae obsoleto a um ritmo cada vez mais rápido. Ao passo que os mecanismos de criação e disseminação do conhecimento têm avançado significativamente, o acesso e a aplicação de tal conhecimento não manteve o mesmo ritmo. O resultado é uma lacuna significativa entre os dados científicos existentes e a prática clínica diária. Deste modo, torna-se necessário um maior foco na capacidade de aprendizagem dos hospitais no sentido de uma melhor utilização do conhecimento para o desenvolvimento de inovação. Neste trabalho, a aprendizagem refere-se à aquisição de novas competências orientadas para os objetivos individuais e organizacionais.

Num ambiente de turbulência crescente, torna-se imperativo apoiar as condições de aprendizagem dos hospitais, de modo a enfrentar os desafios atuais e emergentes. Reconhecer a aprendizagem e o conhecimento como factores-chave de inovação e desempenho foi um grande avanço no pensamento de gestão. Abriu novas perspetivas na gestão para os processos de aprendizagem em diferentes sectores da economia. Com base em estudos anteriores de sociologia e economia, é destacada a relevância das ligações entre os criadores e utilizadores de inovação (Nembhard e Tucker, 2011). No entanto, as abordagens que se baseiam no conhecimento deverão ser radicalmente redefinidas para a inovação em termos de criação e difusão de conhecimento.

A capacidade de absorção de novos conhecimentos tem sido apresentada como um fator estrutural de inovação (Edmondson, 2004; Morgan e Astolfi, 2013). O foco na aprendizagem enquanto componente da flexibilidade organizacional assenta nos desenvolvimentos teóricos de Kanter (1983). O principal argumento deste autor tem por base a necessidade de as organizações melhorarem a capacidade de se transformarem continuamente. Tal linha de pensamento conduziu ao conceito de organização de aprendizagem, a partir da combinação de diferentes disciplinas, inclusive a gestão da qualidade total e a aprendizagem organizacional.

A literatura de gestão tem sugerido a importância de apoiar o desenvolvimento de organizações de aprendizagem (Fleuren, Wiefferink e Paulusen, 2004). Aqui, a estrutura orgânica tem um efeito significativo sobre a taxa de aprendizagem que acontece no hospital. Outros fatores incluem o desenvolvimento de recursos humanos, novas formas organizacionais e de redes de colaboração externa. Este trabalho explora em que medida os hospitais podem ser classificados como organizações de aprendizagem.

Os hospitais têm sido redefinidos como organizações de aprendizagem que recolhem dados de atividades diárias para a criação de conhecimento, assim como facilitam a utilização desse conhecimento para melhorar os serviços de forma contínua (Institute of Medicine, 2011; Best *et al.*, 2012). Estas organizações de aprendizagem requerem a capacidade de gerir os fluxos de informação intensiva de trabalho com potencial para preencher lacunas de conhecimentos sobre os resultados e custos dos cuidados de saúde.

O nível de desenvolvimento da organização de aprendizagem denota a forma como o hospital está estruturado, assim como os processos organizacionais que promovem aprendizagem (Dean, 2002). A ideia básica é a de que as estruturas organizacionais adequadas podem melhorar a criação de conhecimento a partir das suas atividades diárias.

Neste capítulo, exploramos o conceito de organização de aprendizagem no sistema de saúde. Pretende-se aqui discutir três aspetos essenciais da capacidade de aprendizagem para a inovação: explorar a relevância do conhecimento e da aprendizagem no sector hospitalar; avaliar a capacidade de inovação das organizações de aprendizagem; identificar os principais mecanismos na criação de organizações de aprendizagem no sistema de saúde.

Resultados

Como apresentado no capítulo anterior, os resultados revelaram que cerca de 23 % dos hospitais consideram a criação de novos conhecimentos como objetivo principal para o desenvolvimento de inovações. De facto, a inovação pode ser vista como a criação de conhecimento. Da mesma forma, a velocidade e a direção do processo de criação de conhecimento reflete importantes aspetos organizacionais do hospital, além dos seus investimentos em investigação e desenvolvimento.

Os hospitais que combinam vários traços organizacionais de uma organização de aprendizagem têm maior tendência para desenvolverem novos serviços. Prosseguindo a análise a este nível, procurou-se estudar se os hospitais que combinam vários traços das organizações de aprendizagem apresentam uma maior capacidade de inovação. Foi desenvolvido um índice a partir de onze práticas associadas à aprendizagem organizacional (Tabela 7). Os resultados destas características organizacionais revelam uma distribuição normal que varia entre 0 e 11. Este índice permite classificar os hospitais em três grupos, segundo o seu nível de organização de aprendizagem: aprendizagem básica, moderada e avançada.

TABELA 7: Distribuição dos hospitais quanto ao número de práticas organizacionais de aprendizagem

Índice	Frequência	Percentagem	Percentagem cumulativa
0	1	1,1	1,1
1	1	1,1	2,2
3	1	1,1	3,3
4	13	14,4	17,8
5	19	21,1	38,9
6	21	23,3	62,2
7	14	15,6	77,8
8	12	13,3	91,1
9	1	1,1	92,2
10	6	6,7	98,9
11	1	1,1	100,0
Total	90	100,0	-

De acordo com o índice, quanto maior for o número de novas práticas organizacionais, maior é a relevância atribuída à aprendizagem e à criação de novos conhecimentos.

Esta forma de agregação quantitativa reflete o nível de sofisticação organizacional dos hospitais. A aplicação conjunta de várias destas dimensões assinala igualmente uma cultura de mudança e de aprendizagem.

Os hospitais foram classificados em três grupos:
- Organizações de aprendizagem básica: inclui os hospitais que implementaram entre zero e quatro das dimensões referidas;
- Organizações de aprendizagem moderada: inclui os hospitais que implementaram entre cinco e sete dimensões;
- Organizações de aprendizagem avançada: inclui os hospitais que implementaram entre oito e doze dimensões.

TABELA 8: Classificação dos hospitais, por nível de organização de aprendizagem

Aprendizagem básica (0–4 dimensões)	Aprendizagem moderada (5–7 dimensões)	Aprendizagem avançada (8–12 dimensões)
18 %	60 %	22 %

Segundo esta classificação, considera-se que 18 % dos hospitais correspondem a organizações de aprendizagem básica, 60 % são de nível de aprendizagem moderada e 22 % são de aprendizagem avançada. As organizações de aprendizagem avançada correspondem a hospitais de média//elevada lotação de camas, altamente especializados. Este grupo apresenta o maior nível de desempenho e de maior flexibilidade. Estas organizações implementam ainda novas tecnologias em maior extensão, sobretudo as TIC e demonstram uma maior capacidade de inovação. De acordo com a análise de variância, todas as diferenças são estatisticamente significativas.

Os resultados mostram uma correlação positiva e elevada entre a capacidade de aprendizagem e de inovação ($r=0,67$). Verifica-se simultaneamente uma correlação positiva e moderada entre o nível de capacidade de aprendizagem e a flexibilidade organizacional ($r=0,57$).

TABELA 9: Caracterização dos grupos de hospitais, por níveis de capacidade de aprendizagem

	Aprendizagem básica		Aprendizagem moderada		Aprendizagem avançada	
	Média	DP	Média	DP	Média	DP
Cooperação	,33	,16	,52	,19	,73	,22
Flexibilidade	6,63	,85	7,97	1,43	9,57	1,20
Inovação	1,56	2,27	3,91	3,71	6,95	3,42
TIC	2,00	1,21	1,78	1,09	2,55	,60
Outras tecnologias	,14	,36	1,25	1,00	1,58	,60
Desempenho	4,80	1,92	7,60	4,15	9,27	5,99

Impacto das características organizacionais sobre a inovação

Apesar de a correlação entre flexibilidade organizacional e a capacidade de inovação não ser estatisticamente significativa, os fatores relativos à estrutura e aos processos, à autonomia e ao desenvolvimento profissional têm um efeito positivo e elevado na inovação. Deste modo, são aqui analisadas as implicações das práticas organizacionais na capacidade de inovação dos hospitais. Procedeu-se à análise das dimensões organizacionais relacionadas com as teorias contemporâneas sobre flexibilidade e inovação nas organizações, inclusive os grupos de trabalho multidisciplinares e transversais, a integração de serviços, a delegação de funções, e as equipas autogeridas, os círculos de qualidade e o sistema de recolha de propostas. Os sistemas de formação adequados às necessidades dos hospitais e o planeamento de formação profissional correspondem ao desenvolvimento de recursos humanos e cooperação externa.

Com o objetivo de analisar o impacto destas práticas organizacionais sobre a inovação, foi desenvolvida uma análise fatorial da utilização destas dimensões pelos hospitais (Tabela 10). A exploração dessas dimensões permite-nos analisar a anatomia das organizações de aprendizagem no sector hospitalar.

TABELA 10: Análise fatorial das características organizacionais

	Organização integradora	Cooperação externa	Desenvolvimento humano	Sistema de compensação
Grupos transversais	**,864**	-,016	,020	,144
Integração de serviços	**,733**	,301	,090	-,262
Delegação de responsabilidade	**,726**	,110	,285	-,030
Autonomia dos profissionais	**,771**	,078	-,063	,206
Grupos e ciclos de qualidade	**,764**	,001	-,071	,122
Sistema de recolha de propostas	-,005	,013	**,744**	-,147
Atividades de formação adequadas às empresas	,039	,195	**,760**	-,087
Planeamento da educação a longo prazo	,093	,168	**,799**	,223
Salários baseados em resultados	,175	-,025	-,042	**,926**
Maior cooperação com os utilizadores	,095	**,915**	,000	-,009
Maior cooperação com empresas subcontratadas	-,061	**,811**	,256	,052
Maior cooperação com instituições de conhecimento	,349	**,576**	,179	-,108

As doze dimensões empíricas correspondem a quatro fatores principais. O primeiro fator, denominado organização integradora e gestão da qualidade inclui cinco dimensões: os grupos de trabalho transversal, os grupos de qualidade, a integração de serviços, a delegação de responsabilidade e o sistema de recolha de propostas dos profissionais. A propriedade comum do segundo fator é a cooperação externa, que inclui três dimensões específicas: maior cooperação com os utilizadores, maior cooperação com as empresas subcontratadas, e maior cooperação com instituições de Investigação e desenvolvimento. O terceiro fator inclui as dimensões do desenvolvimento humano e abrange o planeamento de formação a longo prazo e adequado às necessidades organizacionais. Finalmente, o quarto fator, denominado sistema de compensação, inclui as remunerações baseadas em resultados.

Estes quatro fatores sugerem um padrão de aplicação das dimensões organizacionais teoricamente consistente. É interessante notar que o primeiro fator, que explica a maioria da variação, reúne características organizacionais internas, sem, contudo, incluir os esforços de formação e sistemas de incentivos. Isto pode sugerir que o desenvolvimento de características de organizações de aprendizagem pode ser visto como um esforço específico, complementado ou não por elementos integrados nos outros dois fatores.

Interessa agora analisar a que nível os quatro fatores influenciam o desenvolvimento de inovações nos hospitais. Esta análise foi desenvolvida através de um modelo de regressão logística binária, que considera a capacidade de inovação como variável dependente e os fatores organizacionais como variáveis independentes.

TABELA 11: Regressão logística dos fatores relativos à organização e qualidade, desenvolvimento humano, cooperação externa e sistemas de compensação sobre a capacidade de inovação com extração de fatores por *Backward LR*

	Efeito	Máximo	Mínimo	Estimativa	Qui-quadrado	Significância
Organização integradora	2,691	1,529	4,735	,990	11,785	,001
Cooperação externa	1,722	1,060	2,797	,544	4,824	,028
Constante	,575	-	-	-,554	5,233	,022

A Tabela 11 mostra que os fatores relativos à organização integradora e cooperação externa têm um efeito significativo sobre o desempenho inovador dos hospitais. De acordo com o modelo de regressão logística, a organização integradora e a cooperação externa têm um efeito significativo ao nível da capacidade de inovação dos hospitais (com *odds ratio* de 2,691 e 1,722, respetivamente. O desenvolvimento profissional e os sistemas de compensação não apresentam um efeito estatisticamente significativo sobre a capacidade de inovação, tendo sido excluídos do modelo.

Os resultados sugerem que a capacidade de inovação não se desenvolve a partir de processos formais, como a formação profissional e sistemas de incentivos, mas sobretudo através do apoio ao desenvolvimento de redes internas, inclusive o trabalho em equipa e a integração de serviços, e de redes de cooperação interorganizacional.

A análise de conteúdo das entrevistas revelou ainda diferenças significativas no âmbito da dinâmica dos processos de aprendizagem através dos diferentes departamentos dos hospitais. O conjunto de organizações de aprendizagem básica revela o foco no desempenho, negligenciando a criação de conhecimento e a sua difusão no sector da saúde. Os processos de aprendizagem são restritos principalmente a cursos de formação padronizada em procedimentos clínicos específicos. O conjunto de organizações de aprendizagem moderada reconhece a difusão do conhecimento como um importante motor de inovação e de melhoria do desempenho. Deste modo, são vários os mecanismos que contribuem para a promoção do trabalho em equipa e da aprendizagem transversal aos diferentes departamentos do hospital. Por fim, as organizações de aprendizagem avançada consideram que a criação e a difusão de conhecimento é um dos principais objetivos da inovação desenvolvida pelo hospital. Além de melhorar a aprendizagem através dos seus diferentes departamentos, estes hospitais focam-se sobretudo na colaboração externa com universidades e outros serviços de saúde. Neste grupo, as redes de colaboração externa extravasam os limites do sistema de saúde e incluem outros sectores, como, por exemplo, a indústria biomédica e de telecomunicações.

A partir dos dados das entrevistas e do painel de especialistas, foram identificados os mecanismos principais para apoiar as organizações de aprendizagem no sistema de saúde. Três mecanismos principais mereceram particular destaque, inclusive o desenvolvimento de recursos humanos alinhado com a estratégia organizacional, a resolução de problemas diários em equipas de trabalho, assim como a cooperação externa com outras organizações. Os entrevistados afirmaram ainda que os esforços atuais de aprendizagem organizacional refletem uma alteração estratégica dos tradicionais mecanismos formais e isolados de desenvolvimento profissional, como sejam os cursos de formação padronizados, para mecanismos informais de aprendizagem e trabalho em equipa na prática clínica diária.

Discussão

Com base em considerações teóricas, os resultados empíricos mostram que a inovação e a criação de conhecimento são dois lados da mesma moeda. Se é verdade que as organizações de aprendizagem estão mais aptas a mobilizar e aplicar diferentes formas e fontes de conhecimento no desenvolvimento de inovação em saúde, também é verdade que a inovação, só por si, aumenta a necessidade de uma estrutura organizacional capaz de lidar com os novos problemas que emergem durante o processo de inovação.

O objetivo das organizações de aprendizagem é sobretudo promover melhorias contínuas através da aprendizagem e da criação de novos conhecimentos. As mudanças organizacionais podem contribuir para uma organização de saúde de aprendizagem que apoia a aprendizagem contínua e a criação de conhecimento como um subproduto natural da prestação de cuidados de saúde. Um sistema deste tipo totalmente funcional permite acrescentar valor através da inovação.

A globalização da competição e as mudanças das necessidades e exigências dos consumidores promoveram valores universais a nível de soluções organizacionais, como, por exemplo, a delegação de funções, a gestão de conhecimento e o desenvolvimento de novas competências.

Neste estudo analisa-se um conjunto de dimensões organizacionais que direta ou indiretamente se referem às teorias contemporâneas que lidam com a inovação e a flexibilidade organizacional: os grupos de trabalho transversais, a integração de serviços, a delegação de funções, e as equipas autónomas são indicadores empíricos assentes na teoria da organização integradora de Kanter (1983) e da organização orgânica de Burns e Stalker (1961); os ciclos de qualidade e os sistemas de recolha de propostas e ideias são indicadores da gestão de qualidade e do conhecimento (Nonaka e Takeuchi, 1995); os sistemas de formação adequados às necessidades e ao planeamento de formação indicam o desenvolvimento de recursos humanos e a cooperação externa, referente aos sistemas de inovação (Lundvall 1992).

Clusters de organizações de aprendizagem
A análise de agrupamento dos hospitais por nível de aprendizagem permite identificar as características distintivas de organizações de aprendizagem, assim como a sua relação com a inovação e o desempenho. É de salientar que o número de hospitais em cada grupo depende dos critérios escolhidos. Deste modo, os diferentes conceitos de organizações de aprendizagem, básica, moderada e avançada, têm de ser compreendidos dentro dos limites definidos pela sua operacionalização.

As organizações de aprendizagem básica são marcadas por hierarquias de gestão, com uma divisão clara de funções e tarefas. Neste contexto, os profissionais de saúde têm funções bem definidas e controladas por diferentes níveis de gestão, o que indica um estilo mais estruturado ou burocrático de organização, que apresenta menores níveis de inovação e desempenho, com uma média de 1,6 e 4,8, respetivamente.

As organizações de aprendizagem moderada apresentam maiores níveis de flexibilidade. No entanto, a aprendizagem pode ser limitada e isolada num departamento, e o resto da organização manter um estilo burocrático.

O impacto dos mecanismos de aprendizagem atuais poderá explicar um nível significativamente maior de inovação e desempenho em comparação com o grupo anterior, com uma média de 3,9 e 7,6, respetivamente.

Por sua vez, o conjunto de organizações de aprendizagem avançada é caracterizado por elevados níveis de aprendizagem e de capacidade de resolução de problemas em equipas de trabalho. O ambiente de aprendizagem é amplamente disseminado entre os diferentes departamentos do hospital. Este grupo combina várias características de organizações de aprendizagem e tende a mostrar maior capacidade de inovação e desempenho do que os outros, com uma média de 6,9 e 9,3, respetivamente. As organizações de aprendizagem avançada podem ser particularmente instrutivas para outros hospitais, revelando os mecanismos principais para a integração de investigação e prática, assim como para converter resultados de investigação em prática clínica.

Flexibilidade organizacional e cooperação externa

As principais variáveis que distinguem os três grupos analisados correspondem aos indicadores que capturam as condições para a aprendizagem, inclusive o reforço de autoavaliação da qualidade do trabalho, o trabalho em equipa, a rotação de tarefas de trabalho, a colaboração entre departamentos e a cooperação externa. O conjunto de organizações de aprendizagem avançada revela uma utilização mais ampla de mudanças organizacionais no sentido da melhoria de aprendizagem em todo o hospital, em comparação com as organizações de aprendizagem moderada. O conjunto de organizações de aprendizagem básica revela apenas uma utilização residual dessas mudanças organizacionais, o que reflete um ambiente menos propício para a aprendizagem.

Os três grupos de hospitais revelam ainda diferenças significativas em termos de estrutura de processos organizacionais, estilo de gestão e desenvolvimento de competências. À medida que a divisão horizontal e vertical do trabalho evolui, as características das organizações de aprendizagem contribuem para uma diversidade crescente no acesso a fontes de novos conhecimentos. No entanto, esta divisão cria simultaneamente novas barreiras de comunicação e de interação ao nível do hospital e das suas redes de cooperação externa. Isto é particularmente relevante, uma vez que a inovação resulta da combinação de conhecimentos de diferentes fontes e locais. A flexibilidade organizacional e a cooperação externa são os dois principais fatores que explicam as diferenças a nível de inovação e de desempenho entre os três grupos de hospitais.

Os resultados desta investigação trazem implicações para a gestão de hospitais e do sistema de saúde. O papel principal da gestão passa por melhorar um ambiente favorável à aprendizagem, promovendo espaço para o desenvolvimento de recursos humanos, assim como o trabalho em equipas multidisciplinares e a cooperação externa. Apesar da gestão não poder forçar tal renovação, ela pode promover um ambiente favorável à mudança através de redes dinâmicas no interior de todo o hospital. E, de facto, está bem documentado que os diferentes departamentos de um hospital têm muita dificuldade para comunicar entre si. Promover estas capacidades internas dos hospitais é um requisito para a aprendizagem contínua.

O impacto das organizações de aprendizagem no desenvolvimento da inovação

O modelo analisado neste estudo demonstra os efeitos significativos das chamadas organizações de aprendizagem em termos do desenvolvimento de inovação; apoia fortemente a validade de considerações teóricas sobre as organizações de aprendizagem no sector da saúde; por último, ilustra que os hospitais que combinam o controlo de qualidade, o desenvolvimento de recursos humanos e a cooperação externa são muito mais propensos á inovação.

As medidas propostas passam por definir a forma de capturar e traduzir sistematicamente o conhecimento gerado pela investigação clínica através de várias iterações de aprendizagem. Conforme observado, o acesso a fontes de conhecimento disponíveis para os hospitais apresenta várias deficiências. Muitas vezes, os hospitais não têm dados suficientes sobre a eficácia das diferentes opções de tratamento e a variação dessa eficácia entre os diferentes utilizadores dos serviços. A qualidade dos cuidados depende não só da eficácia de um tratamento específico, mas também do modelo de prestação de cuidados. E os processos de aprendizagem devem ainda ser adaptados às circunstâncias e às necessidades dos hospitais. Cada organização tem um papel diferente na criação e difusão de conhecimento, assim como terá diferentes instrumentos para apoiar a aprendizagem organizacional e a melhoria contínua do desempenho. Além disso, o potencial de aprendizagem dos hospitais e dos seus parceiros de inovação pode ser reforçado através das oportunidades criadas pelas TIC na partilha de dados, informação e conhecimento.

Conclusões

Os resultados revelam que os hospitais inovadores atribuem uma relevância particular à melhoria da capacidade de aprendizagem organizacional: os hospitais mais inovadores são organizações de aprendizagem. Os profissionais de saúde procuram, todos os dias, prestar serviços de saúde com a máxima qualidade, ao mesmo tempo que se atualizam com os novos desenvolvimentos científicos. A capacidade de aprendizagem do sistema de saúde é essencial para aplicar evidência científica na prática clínica em tempo real. De facto, os profissionais de saúde e os investigadores reconhecem que a inovação, só por si, não é suficiente. Há que aplicar as inovações nas práticas e políticas de saúde.

Foram identificados diferentes tipos de organizações de aprendizagem no sector hospitalar em Portugal. Verifica-se que a interação entre a inovação e os processos de aprendizagem dá origem a um reforço mútuo rumo a melhorias de desempenho. Estes resultados sugerem o papel central dos hospitais na criação, transferência e aplicação do conhecimento na promoção de inovação em saúde. Os desequilíbrios entre o conhecimento existente no hospital e os vários domínios de inovação favorecem o dinamismo das redes de comunicação interna em toda a organização, assim como de cooperação externa com outros parceiros.

Os resultados deste estudo estão alinhados com modelos recentes de inovação que enfatizam a aprendizagem como um processo interativo entre uma diversidade de parceiros. Estas redes de cooperação externa têm um importante papel na criação de oportunidades no acesso a novos conhecimentos para o desenvolvimento de inovações.

Face aos desequilíbrios entre os domínios de conhecimento e de inovação ao nível do hospital, a opção passa por reforçar a cooperação externa com o objetivo de assegurar a combinação adequada de conhecimentos disponíveis noutras organizações. Deste modo, o quadro analítico de organizações de aprendizagem vai além do hospital e inclui a rede de cooperação externa, assim como a forma como partilham informação e conhecimento entre si.

Em conclusão, propõe-se uma perspetiva mais ampla da inovação em saúde, orientada para o desenvolvimento de uma infraestrutura de conhecimento. Essa infraestrutura abrange tanto a aprendizagem individual como a organizacional, no sentido de reforçar a capacidade de inovação dos hospitais. Esta perspetiva é coincidente com a noção de sistema de saúde de aprendizagem proposta pelo Institute of Medicine (2011; 2012). Estes sistemas de aprendizagem são desenhados para criar e aplicar a melhor evidência para opções de cuidados, de forma colaborativa, entre os profissionais e os utilizadores de serviços, com o objetivo de guiar o processo de inovação como um resultado natural da prática clínica diária.

Os resultados revelam ainda que os hospitais apresentam diferentes níveis de capacidade de aprendizagem. Contudo, verifica-se um potencial crescente para a aprendizagem que se reflete em estratégias organizacionais e políticas públicas, à medida que mais hospitais ficam expostos à necessidade de se envolverem ativamente no desenvolvimento da inovação. Esta tendência confere uma maior prioridade às políticas que visam o desenvolvimento de recursos humanos, o desenvolvimento de novas formas de organização e a criação de redes de cooperação externa.

A implicação principal decorrente deste estudo é a de que a política precisa combinar instrumentos que promovam oportunidades e incentivos para a inovação com instrumentos que estimulam o desenvolvimento das características de organizações de aprendizagem. Esta combinação de instrumentos políticos permite promover uma maior cooperação externa através de uma infraestrutura comum para a aprendizagem e a criação de conhecimento.

A natureza não-linear e interativa da aprendizagem organizacional é revelada através do desenvolvimento de inovações adaptadas às necessidades de saúde locais. Neste contexto, torna-se essencial a mudança para um pensamento sistémico, no qual a melhoria dos serviços seja baseada em evidência científica e em amplas redes de comunicação entre os principais parceiros de inovação em saúde.

A partir destes resultados, são propostas várias soluções de gestão e opções políticas. Em primeiro lugar, é necessário apoiar uma cultura de inovação que incentive a resolução de problemas. Em segundo, as ligações entre os componentes de prática clínica e processos administrativos são particularmente enfatizadas. Ambas as medidas são cruciais para assegurar novos modelos de serviços assentes em sistemas de informação que asseguram a partilha de informações necessárias ao longo do ciclo de cuidados de saúde. Por outro lado, a aprendizagem integrada na prática exige transparência nos processos e resultados, assim como a capacidade de capturar o retorno obtido, de modo a assegurar os ajustes necessários. Por último, é ainda necessário alinhar os incentivos no que se refere aos elementos-chave da aprendizagem e da melhoria contínua do desempenho entre os vários parceiros envolvidos na inovação em saúde. De facto, o desenvolvimento de incentivos, normas e requisitos de avaliação pode servir como instrumento de mudança e elemento-chave do quadro político para a promoção de inovação em saúde.

Novas competências

A escassez de competências continua a ser um dos principais obstáculos à inovação, sobretudo em hospitais que procuram mudanças radicais e disruptivas. A inovação depende, em grande parte, de profissionais de saúde capazes de criar e aplicar ideias e conhecimentos novos na prática clínica diária. Por conseguinte, é importante garantir as competências necessárias à prestação de serviços de saúde de elevada qualidade numa perspetiva de melhoria contínua. Esta ênfase nas competências necessárias à inovação reflete-se em vários esforços para colmatar a diferença entre as competências atuais e ganhos de produtividade (Jaskyte, 2011; Turner *et al.*, 2011).

No sistema de saúde, o desenvolvimento de profissionais qualificados, através de esforços contínuos de formação profissional, tem merecido particular destaque na gestão da inovação. De modo a apoiar estes esforços, torna-se necessário compreender melhor os diferentes tipos de competências necessárias para a inovação, assim como as formas mais efetivas de garantir o desenvolvimento profissional. Os estudos anteriores para explicitar as relações entre as competências específicas e a capacidade de inovação revelaram a complexidade do tema (Lloyd-Ellis e Roberts, 2002; Bauer e Bender, 2003; Leiponen, 2005). As complexas definições de competências e de inovação, além da dificuldade de as medir, têm limitado uma melhor compreensão dessas relações. Esses estudos focam-se sobretudo na procura de competências para otimizar a utilização de novas tecnologias, ao passo que os investimentos no desenvolvimento de competências têm sido menos estudados (Mohnen e Roller, 2005). As limitações deste tipo de abordagem podem resultar em várias desvantagens, inclusive no aumento do número de profissionais com competências inadequadas e no desincentivo ao seu envolvimento ativo em iniciativas de inovação.

Reconhecendo a relevância da dinâmica entre as competências e a inovação, a Comissão Europeia e a OCDE têm diversas iniciativas em curso que procuram apoiar avanços significativos nesta área. A iniciativa Novas Competências para Novos Empregos, da Comissão Europeia, pretende assegurar a antecipação das necessidades futuras no sentido de obter uma melhor adequação entre as competências existentes e as necessidades do mercado de trabalho, assim como promover uma cooperação mais efetiva entre o sector da educação e outros sectores da economia (European Commission, 2010). Por sua vez, a Estratégia de Competências da OCDE proporciona um quadro estratégico integrado para compreender melhor os mecanismos mais efetivos de desenvolvimento de competências necessárias à inovação e ao crescimento económico. Esta estratégia traduz uma abordagem intersectorial, que envolve todos os sectores da economia, com o objetivo de alinhar a oferta e a procura de competências para a inovação (OECD, 2012).

Por outro lado, reconhecendo as especificidades do sistema de saúde, a Comissão Global Independente sobre a Educação dos Profissionais de Saúde para o Século XXI propôs também um quadro estratégico específico para a educação dos profissionais de saúde, com o objetivo de alcançar um equilíbrio entre as necessidades de saúde da população, a procura de competências pelo sistema de saúde e a oferta de competências pelo sistema de educação (Frenk, et al., 2010). A comissão de peritos propõe uma nova era de educação para as profissões de saúde com base na aprendizagem transformadora e interdependência na educação. A aprendizagem transformadora corresponde ao desenvolvimento de capacidade de liderança e empreendorismo com potencial para transformar o sistema de saúde. O desenvolvimento de capacidade de liderança para a mudança implica ainda o desenvolvimento de competências de análise e síntese de informação para a tomada de decisão, assim como de criatividade para utilizar os recursos globais de modo a responder aos desafios locais. Por outro lado, a interdependência na educação corresponde à aprendizagem interprofissional, capaz de quebrar os atuais silos profissionais, ao mesmo tempo que se promovem relações de colaboração em equipas mais eficientes.

Todas estas iniciativas destacam que o futuro implicará necessariamente ajustes de competências para contextos específicos, beneficiando do enorme potencial do conhecimento disponível no contexto global.

Este estudo reflete uma abordagem dinâmica com foco nas tendências de mudança em três dimensões específicas. A inovação tecnológica refere-se ao desenvolvimento e disseminação de novas tecnologias, inclusive as TIC. Por sua vez, a inovação organizacional refere-se a mudanças na organização do trabalho, inclusive os investimentos no desenvolvimento de novas competências. Por último, as mudanças em termos de competências refletem a combinação desses fatores, redefinindo-se assim ao nível dos novos processos organizacionais. Estas tendências são particularmente importantes para uma melhor compreensão do impacto de uma reformulação do sistema de saúde na sua capacidade de inovação. Os dados empíricos sugerem que a combinação adequada de inovações tecnológicas e organizacionais confere maior relevância às competências interpessoais, assim como à capacidade de resolução de problemas não rotineiros (Levy e Murnane, 2004; Borghans, Weel e Weinberg, 2008).

O objetivo deste capítulo é explorar a relação entre o desenvolvimento de competências e a inovação em saúde. Numa perspetiva dinâmica, esta relação é explicada pela interação entre a oferta e a procura de competências para o desenvolvimento de inovação. Este estudo tem em conta um número limitado de hospitais com investimentos significativos no desenvolvimento de competências para a inovação. Olhando para estes casos de sucesso no sistema de saúde português, torna-se possível explorar como os hospitais inovadores combinam o desenvolvimento de competências com investimentos em inovação.

Resultados

Os resultados do questionário aplicado aos conselhos de administração dos hospitais permitem explicitar as mudanças em termos da procura de competências para a inovação. Estas mudanças foram analisadas em quatro dimensões: qualificação profissional; competências de comunicação e cooperação; capacidade de adaptação à mudança; assim como sentido de responsabilidade e consciência da qualidade (OECD, 2013).

A Tabela 12 revela um aumento crescente na procura de competências técnicas específicas. Todavia, as mudanças são particularmente elevadas num conjunto amplo de competências genéricas, inclusive a responsabilidade e a consciência da qualidade (62 %), a capacidade de adaptação (52 %) e as competências de comunicação (51 %).

Não obstante, verificam-se diferenças significativas em termos da procura de novas competências, de acordo com a capacidade de inovação do hospital. Deste modo, o número total de hospitais foi agrupado segundo a sua capacidade de inovação. Este agrupamento correspondeu a 57 respostas de hospitais não inovadores e a 38 respostas de hospitais inovadores.

TABELA 12: **Distribuição de hospitais, por mudanças na procura de competências (%)**

	Inovadores	Não Inovadores	Todos
Responsabilidade e orientação para a qualidade	72	42	62
Capacidade de adaptação	64	32	52
Capacidade de comunicação e cooperação	62	32	51
Qualificações profissionais	56	31	46

Os hospitais inovadores revelam diferenças significativas na procura de novas competências, inclusive um aumento de 72 % na procura de responsabilidade e consciência da qualidade, um aumento de 64 % nas competências de comunicação e cooperação, assim como um aumento de 62 % nas competências de adaptação.

Mudanças organizacionais
No sentido de compreender melhor o desenvolvimento de novas competências, importa ainda analisar as mudanças organizacionais nos hospitais. As diferentes formas de organização do trabalho podem explicar as competências necessárias para a inovação e os mecanismos de desenvolvimento dessas competências.

A Tabela 13 apresenta as principais mudanças referentes à organização do trabalho, que estão associadas ao desenvolvimento de competências no sector hospitalar. Estas novas formas de organização do trabalho reflectem um aumento de 19 %, em termos da delegação de tarefas, assim como um aumento de 13 %, nos grupos de trabalho transversais. Verifica-se ainda um aumento de 12 % na integração de serviços e um aumento de 10 % nos círculos de qualidade. Outras mudanças organizacionais, inclusive a remuneração com base no desempenho (5 %), os sistemas de recolha de propostas (2 %) e a rotação planeada de trabalho (2 %) são significativamente menos utilizadas pelos hospitais.

Verifica-se ainda que a utilização crescente destas novas formas de organização do trabalho são significativamente superiores nos hospitais inovadores. Isto é particularmente verdade em relação aumento de 39 % de delegação de funções, ao aumento de 22 % dos grupos de trabalho transversais, ao aumento de 17 % dos círculos de qualidade e integração de serviços, assim como ao aumento de 14 % na remuneração baseada no desempenho.

TABELA 13: Aumento na utilização de diferentes formas de organização do trabalho em hospitais inovadores e não inovadores (%)

	Inovadores	Não Inovadores	Todos
Grupos de trabalho transversal	22	5	13
Círculos de qualidade	17	3	10
Sistema de recolha de propostas pelos profissionais	6	0	2
Rotação planeada de tarefas	6	5	2
Delegação de funções	39	9	19
Integração de serviços	17	10	12
Remuneração com base no desempenho	14	0	5

Os resultados deste estudo trazem novas perspetivas em relação aos principais fatores por detrás destas tendências. Trata-se de mudanças impulsionadas sobretudo pela necessidade de estabelecer melhores contactos com os utilizadores dos serviços de saúde (55 %) e da utilização de novas tecnologias (49 %). Em menor extensão, são também mudanças motivadas pelas expectativas dos profissionais de saúde para criar inovação (35 %), pelas oportunidades para o desenvolvimento de competências profissionais (33 %), pela necessidade de estabelecer melhores contactos com outras organizações (33 %), assim como pela necessidade de maior flexibilidade no trabalho dos profissionais de saúde (33 %).

Desenvolvimento de competências para a inovação

Reconhecendo o aumento da procura de competências para inovação, foi analisada em que medida os hospitais investem no seu desenvolvimento. A maioria dos hospitais considera o desenvolvimento de competências como chave para a inovação. Contudo, existem diferenças significativas nos mecanismos utilizados para assegurar a combinação das competências adequadas para o desenvolvimento da inovação. A Tabela 14 ilustra estas diferenças e a extensão da sua utilização.

TABELA 14: Distribuição dos mecanismos de desenvolvimento de competências, segundo o seu grau de extensão (%)

	Elevado	Médio	Baixo	Nada
Formação profissional com base em necessidades da organização	63	21	6	1
Organização em equipas de trabalho	55	24	8	0
Cooperação interdepartamental	54	26	7	4
Planos de formação profissional a longo prazo	54	26	4	6
Cursos padronizados de formação	35	33	22	0
Tempo disponível para aprendizagem com outros profissionais	26	49	15	1
Rotação planeada de tarefas	25	41	24	2

O mecanismo principal consiste no alinhamento da formação profissional com as necessidades da organização, tal como referido por 63 % do número total de hospitais. Outros mecanismos incluem a organização de equipas de trabalho (55 %), assim como a cooperação entre departamentos do hospital e o planeamento de formação profissional a longo prazo, ambos utilizados por 54 % dos hospitais estudados. A disponibilidade de tempo para aprendizagem com outros profissionais (26 %), os cursos padronizados de formação (35 %) e a rotação planeada de tarefas (25 %) são tidos como menos importantes para assegurar as competências necessárias à inovação.

Dinâmica entre competências e inovação

A análise de conteúdo das entrevistas destaca a natureza dinâmica das competências e o desenvolvimento da inovação, assim como a relevância de combinar ambos os processos. Tal dinâmica é influenciada de modo significativo pelo trabalho de equipa, pela cooperação entre os diferentes departamentos e pela cooperação externa ao nível do desenvolvimento de competências de inovação.

A análise de conteúdo destaca três mecanismos principais de combinação do desenvolvimento de competências com inovação. Contudo, existem diferenças significativas na utilização de tais mecanismos por parte dos hospitais, segundo a sua capacidade de inovação. Ao passo que os hospitais não inovadores desenvolvem cursos padronizados de formação, os inovadores adequam o desenvolvimento de competências à estratégia organizacional.

Os programas estruturados de formação profissional são referidos por 26 % dos entrevistados como a principal forma de combinar competências. A resolução de problemas diários é referida por 31 % dos entrevistados, ao passo que 42 % referem a cooperação externa como aspeto-chave. De facto, a cooperação externa constitui o mecanismo mais relevante para combinar competências e inovação. Esta revelação foi obtida através da análise de conteúdo das entrevistas a hospitais inovadores, uma vez que não tinha sido contemplada no questionário inicial.

Discussão

Este capítulo analisa a forma como o desenvolvimento de competências e inovação se influenciam mutuamente. Não há respostas simples, dado que a inovação não significa necessariamente um conjunto bem definido de etapas. Ainda que um hospital possa passar pelo processo de inovação sem alterar o seu conjunto de competências, o mais provável é que a inovação exija novas competências.

Procura de competências

Os resultados sugerem que uma vasta gama de competências está envolvida no desenvolvimento da inovação no sector hospitalar. Estas incluem não apenas competências técnicas específicas, mas também competências de nível superior para a resolução de problemas diários. Na verdade, a inovação engloba uma ampla gama de atividades e exige o envolvimento de diferentes grupos de profissionais de saúde. Tal mudança traduz-se em aprender fazendo, em particular na conceção e implementação de inovações no sector hospitalar. As chamadas competências genéricas, como, por exemplo, a responsabilidade, a consciência de qualidade e a capacidade de adaptação e de comunicação são particularmente relevantes para o desenvolvimento da inovação no sistema de saúde.

O estudo mostra ainda um padrão consistente em relação a mudanças no conteúdo do trabalho. Há um aumento de tarefas particularmente exigentes ao nível das qualificações profissionais. No entanto, a crescente procura de competências genéricas relacionadas com a autonomia profissional e de cooperação é significativamente superior.

Além das mudanças no conteúdo do trabalho, os resultados apontam para mudanças simultâneas na organização do trabalho, com relevância para a análise de competências. Os estudos anteriores sugerem que as mudanças na organização do trabalho explicam a procura de novas competências (Tether, 2005; Etheredge, 2007). As novas formas de organização do trabalho destinam-se principalmente a reforçar a flexibilidade organizacional. Estas medidas incluem a descentralização dos mecanismos de gestão, assim como a divulgação do trabalho de equipa em toda a organização. Portanto, ao invés de competências para executar tarefas padronizadas e isoladas, o conhecimento do processo mais amplo em que os profissionais estão envolvidos é o preferido. Os profissionais de saúde devem ser capazes de assumir tarefas e responsabilidades diferentes através de uma cooperação eficaz entre os departamentos de hospitais e outras organizações. É nesta perspetiva interativa de alinhamento sistemático entre competências e inovação que as capacidades de criatividade, de iniciativa e as competências sociais se tornam particularmente relevantes. Todos estes argumentos apoiam a mudança de foco da inovação tecnológica para a organizacional.

Fontes de competências
Os investimentos em desenvolvimento de competências são reconhecidos como contributos para o sucesso da inovação. No entanto, é necessário ainda considerar uma série de outros fatores. Os dados obtidos sugerem que a inovação depende de novas formas de organização que promovem a aprendizagem através da resolução de problemas, assim como de uma utilização mais eficaz de competências para a inovação.

Esta abordagem dinâmica está em conformidade com os modelos atuais de inovação no sistema de saúde. Os modelos mais recentes sugerem a transição da concentração de competências em departamentos específicos e isolados para a sua distribuição ampla pela organização. Em particular, o modelo de integração sistémica de inovação destaca a relevância de uma plataforma comum de competências que permitam a todos os profissionais serem mais abertos a novas ideias e adaptáveis em condições de mudança (Leiponen, 2005; OECD, 2012).

A lógica destes resultados centra-se na promoção da flexibilidade organizacional dos hospitais, na utilização eficaz das competências atuais, assim como na criação de novas formas de desenvolvimento de competências para a inovação. Aqui, um ponto-chave corresponde à gestão, organização e equilíbrio das relações entre profissionais, de modo a facilitar a aprendizagem interprofissional. Em resumo, o principal objetivo é atrair os profissionais de saúde para a prática da aprendizagem.

Interação entre competências e inovação
A investigação existente nesta área centrou-se sobretudo na oferta de competências de inovação, negligenciando a procura de competências e investimentos em formação pelos hospitais. Tal abordagem resultou em vários problemas, inclusive a desadequação das competências profissionais ao contexto local ou o fraco envolvimento dos profissionais em atividades de inovação. O estudo presente permitiu explorar a interação entre o desenvolvimento de competências e a capacidade de inovação.

Face a um ambiente em rápida mudança, marcado por uma crescente diversidade de opções de diagnóstico e tratamento, a adequada combinação de competências e de inovação torna-se particularmente relevante para o sector hospitalar. De modo geral, os motores de desenvolvimento de competências devem traduzir um equilíbrio entre formas mais estruturadas de aprendizagem, como sejam os cursos de formação padronizados, com formatos mais dinâmicos e flexíveis, inclusive aprendizagem através da prática clínica diária. Os principais obstáculos à inovação correspondem a estruturas organizacionais rígidas e incapazes de promover os incentivos necessários para o envolvimento dos profissionais de saúde no processo de inovação. Os resultados deste estudo estão em linha com os recentes modelos de inovação. Ao invés de ver a inovação como um processo linear, este é tido como um processo complexo e interativo, que envolve múltiplas interações entre diferentes funções e serviços, assim como a cooperação externa com diferentes organizações (Lundvall, 1992; Nelson, 1993).

Revela-se a dificuldade em distinguir as competências para o desenvolvimento de inovações das competências exigidas enquanto resultado de mudanças trazidas pela própria inovação. A longo prazo, a relação entre competências e inovação torna-se circular. Essa abordagem dinâmica para combinar competências e inovação tem por base um novo equilíbrio entre os três principais motores de desenvolvimento. Os programas de formação profissional contínua, como os cursos de formação padronizados e com base nas necessidades organizacionais, são essenciais. Contudo, são igualmente importantes as estruturas organizacionais e os processos de aprendizagem, como os círculos de qualidade e a cooperação entre departamentos dos hospitais. A cooperação do hospital com outras organizações, inclusive as universidades e os institutos de investigação é outro mecanismo-chave. De facto, a criação de redes de aprendizagem a partir da integração de diferentes organizações tem um papel na partilha de conhecimentos e de competências para a inovação. Dada a complexidade do sistema de saúde, nenhuma organização isolada possui todas as competências necessárias para o desenvolvimento de inovação em saúde. É neste contexto que os resultados enfatizam a necessidade premente de uma mudança para uma cultura de aprendizagem em todo o sistema de saúde.

Conclusões
Num sector pressionado pelo controlo de custos, o desenvolvimento de novas competências e incentivos para os profissionais de saúde é uma necessidade estratégica. Os hospitais devem ser capazes de adquirir o talento necessário à sua transformação e reinvenção. De facto, este estudo revela a natureza circular e cumulativa da relação entre o desenvolvimento de novas competências e a inovação. Os resultados apontam para o envolvimento de uma ampla gama de competências no processo de inovação. Isto é particularmente relevante no sistema de saúde, onde as mudanças incrementais constituem a forma predominante de inovação. No entanto, como fica notavelmente demonstrado, as competências são uma condição necessária, mas não são suficientes para o sucesso da inovação. A procura de competências e de investimentos em formação é influenciada por muitos outros fatores, inclusive a estratégia organizacional e as mudanças na organização do trabalho.

Estes resultados empíricos têm implicações relevantes para os gestores e decisores políticos. Apesar de muitas decisões ao nível dos recursos humanos permanecerem no núcleo da gestão de serviços de saúde, as políticas nacionais assumem-se como instrumento central para promover avanços no desenvolvimento de competências. Em particular, as políticas que asseguram a flexibilidade organizacional e facilitam os investimentos em formação podem apoiar as iniciativas de inovação no sistema de saúde. No entanto, as políticas de inovação refletem sobretudo medidas fragmentadas e de natureza hierárquica, de cima para baixo, pelo que se torna necessário adotar uma abordagem mais dinâmica e capaz de refletir as interações entre o desenvolvimento de competências e inovação.

Uma estratégia para o desenvolvimento de competências, devidamente alinhada com as mudanças organizacionais, pode contribuir para a expansão do conjunto de hospitais inovadores com potencial para influenciar todo o sistema de saúde. Tal estratégia deverá ter em conta três opções principais: o desenvolvimento de sistemas de aprendizagem flexíveis; o reforço da cooperação entre universidades e serviços de saúde; e a integração de sistemas de informação em todo o sector da saúde. Além da formação universitária inicial, os profissionais de saúde precisam de atualizar continuamente os seus conhecimentos e de melhorar as suas competências. A formação no local de trabalho e a prática clínica diária devem assegurar o desenvolvimento de competências para lidar com a mudança e criar novas soluções. Neste contexto, a cooperação externa com outras organizações e outros sectores, nomeadamente na área da educação, da ciência e da tecnologia torna-se cada vez mais crítica. Por outro lado, as políticas de desenvolvimento de competências devem continuar a ser coerentes e proporcionarem um ambiente favorável à inovação, através do apoio à utilização das novas competências na prática diária. Estas implicações de gestão e políticas têm base nos esforços atuais dos hospitais e serviços de saúde para combinarem, de forma efetiva, o desenvolvimento de novas competências e a promoção de inovação em saúde.

Os gestores dos hospitais mais inovadores reconhecem que a capacidade organizacional não pode ser analisada apenas numa única dimensão: profissionais, processos ou tecnologias. O valor é criado por profissionais com competências aplicadas transversalmente às diferentes fronteiras organizacionais. As novas competências consistem sobretudo em interligar os conhecimentos de diferentes domínios, desafiando os tradicionais limites organizacionais. Os hospitais que constroem uma base de talentos em torno destas competências revelam maior capacidade de inovação. É este talento que irá definir o futuro do sistema de saúde.

Flexibilidade estratégica

Os sistemas de saúde em Portugal e na Europa enfrentam atualmente um ambiente externo cada vez mais imprevisível, complexo e caótico. Este contexto tem sido descrito como hiperturbulência, uma vez que as mudanças externas ocorrem a um ritmo mais rápido do que a capacidade de adaptação adequada do sistema de saúde (Rotarius e Liberman, 2000). Esta turbulência é explicada sobretudo por três tendências centrais: a pressão sobre os serviços de saúde para garantir medidas eficazes em termos de custos, a expansão das dimensões sociais do sistema de saúde para o bem-estar e os desenvolvimentos tecnológicos marcados por ciclos de vida mais curtos (James e Kaissi, 2004).

A compreensão do ambiente externo dos hospitais torna-se particularmente relevante: uma melhor compreensão deste ambiente resulta da combinação entre as suas dimensões objectivas e percebidas, relacionando-se com níveis de desempenho mais elevados. A teoria da contingência estrutural argumenta que as organizações capazes de responder adequadamente a diferentes níveis de incerteza ambiental são naturalmente mais eficazes. O elemento-chave da teoria da contingência estrutural é o de que o desempenho organizacional resulta do ajuste entre as características estruturais da organização e os aspetos ambientais. As organizações com melhor desempenho são aquelas com capacidade de perceber e gerir a turbulência e incerteza do ambiente externo (Fleuren, Wiefferink e Paulussen, 2004).

As abordagens tradicionais da gestão estratégica assumem um ambiente externo relativamente estável. O seu objetivo é garantir a vantagem competitiva através da utilização de ativos específicos, com foco num nicho de mercado específico ou de uma escala dominante. No entanto, fazer face à turbulência atual no sector hospitalar em Portugal implica necessariamente repensar formas eficazes de responder a eventos inesperados. A consciência da flexibilidade organizacional tem aumentado nos últimos anos. O seu ponto de partida é a ideia de que manter a competitividade em contextos turbulentos exige flexibilidade organizacional dos hospitais (Greenhalgh *et al.*, 2004; Dias e Escoval, 2012).

Os sistemas de saúde têm sido descritos como sistemas adaptativos. Apesar de estes sistemas serem complexos e imprevisíveis, são ainda passíveis de transformação através da aplicação de regras flexíveis que permitam a adaptação (Teece *et al.*, 1997).

A literatura sobre a teoria de gestão indica que a flexibilidade é um constructo importante para uma organização que opera num ambiente turbulento. Volberda propõe uma abordagem estratégica que combina aspetos tecnológicos, estruturais e culturais do comportamento organizacional. A flexibilidade implica que o hospital explora novas oportunidades, de modo a adaptar-se ou a preparar-se para novos eventos, mas tem êxito económico apenas na medida em que é capaz de tirar partido destas novas oportunidades (Teece *et al.*, 1997). Deste modo, a flexibilidade organizacional repousa numa espécie de equilíbrio entre a exploração e a aplicação de recursos disponíveis. Ainda que a exploração exija muitas vezes que os caminhos existentes para a ação sejam postos à margem do repertório organizacional, a aplicação de recursos baseia-se na capacidade de organização para garantir um certo nível de regularidade comportamental. A complexidade deste equilíbrio traduz-se no paradoxo de flexibilidade descrito por Volberda (1998). A ideia principal é a de que a flexibilidade assenta na criação de capacidades dinâmicas que facilitam as respostas, tanto reativas como proactivas, do sistema de saúde. Estas capacidades dinâmicas refletem a capacidade das organizações para integrar, criar e reconfigurar competências para se adaptarem a ambientes em rápida mudança (Hamel e Prahalad, 1994; Dias, 2012).

Neste capítulo, analisa-se a relação entre a estratégia, a flexibilidade e a inovação. Os níveis de flexibilidade organizacional dependem sobretudo da estratégia organizacional atual e da turbulência externa. Por um lado, a flexibilidade organizacional pode ter impacto na redefinição das estratégias atuais. Por outro, à medida que a própria natureza dessa turbulência também muda, há um maior potencial de surpresas estratégicas. Deste modo, o planeamento estratégico necessita de ser reexaminado e reformulado.

O objetivo deste capítulo é analisar a influência da flexibilidade organizacional no desenvolvimento de inovação e desempenho dos hospitais, ao revelar como a interação entre as dimensões internas e externas da flexibilidade organizacional explica a inovação em saúde. Analisa-se depois a capacidade de os hospitais reconciliarem mudança e estabilidade através da procura de novas opções estratégicas.

O principal argumento é o de que, à medida que as mudanças externas são cada vez mais indefinidas, torna-se demasiado arriscado confiar apenas em abordagens tradicionais de gestão estratégica. Por conseguinte, a flexibilidade organizacional será uma opção estratégica cada vez mais importante.

Resultados

A flexibilidade organizacional tem sido destacada como factor-chave para melhorar o desempenho através da inovação. Para a sua análise, foi construído um índice aditivo com base nas características organizacionais. O índice de flexibilidade com treze pontos de medição revelou uma distribuição normal. Ao longo do índice, verifica-se um aumento da utilização de novas tecnologias e da capacidade de inovação dos hospitais. No entanto, apesar de a utilização de novas tecnologias aumentar de forma linear, a capacidade de inovação revela um padrão exponencial.

Uma análise mais detalhada da combinação de mudanças organizacionais com o nível de adaptação ao ambiente externo deverá necessariamente olhar para a correlação entre as dimensões internas e externas da flexibilidade organizacional. Tal combinação é essencial para uma melhor compreensão do seu impacto em termos de inovação e desempenho. Com base num modelo bidimensional de flexibilidade, os hospitais foram classificados em quatro grupos: hospitais estáticos, hospitais flexíveis internamente, hospitais flexíveis externamente e hospitais dinâmicos. Estes hospitais dinâmicos são caracterizados por elevados níveis de flexibilidade, nas suas dimensões internas e externas. A aglomeração de hospitais foi obtida por um ponto de corte de 5 num índice da flexibilidade interna que vai de 0 a 10. As organizações menos flexíveis têm valores entre 0 e 5, ao passo que os organismos mais flexíveis têm valores entre 6 e 10.

Para a flexibilidade externa, o ponto de corte foi estabelecido no valor de 2. A Figura 6 mostra a distribuição dos hospitais de acordo com os seus níveis de flexibilidade interna e externa.

FIGURA 6: Classificação em *clusters*, por flexibilidade interna e externa

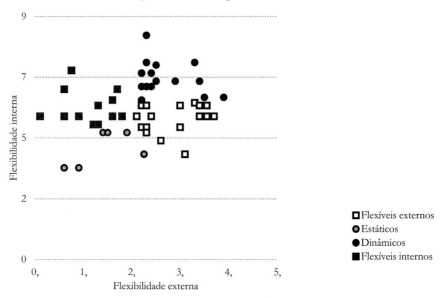

De acordo com os critérios escolhidos para a classificação das organizações (Tabela 15), os resultados apontam que 31 % dos hospitais correspondem ao grupo de hospitais dinâmicos. O grupo estático com menores graus de flexibilidade em ambas as dimensões inclui 35 % do número total de hospitais. Por último, os hospitais flexíveis, interna ou externamente, correspondem a 15 % e 19 % do número total, respetivamente.

TABELA 15: Distribuição dos hospitais, por grupos de flexibilidade interna e externa

Flexibilidade externa	Flexibilidade interna	
	Elevada	Baixa
Elevada	Dinâmica (31 %)	Externamente flexível (19 %)
Baixa	Internamente Flexível (15 %)	Estática (35 %)
Flexibilidade interna	Elevado=Índice valor 6–10	Baixo=Índice valor 0–5
Flexibilidade externa	Elevado=Índice valor 3–4	Baixo=Índice valor 0–2

A Tabela 16 permite uma caracterização dos diferentes grupos de hospitais, por flexibilidade interna e externa, inclusive níveis de desempenho e capacidade de inovação.

TABELA 16: Características dos clusters de hospitais, por níveis de flexibilidade interna e externa

	Estáticos		Flexíveis Internamente		Flexíveis externamente		Dinâmicos	
	Média	DP	Média	DP	Média	DP	Média	DP
Flexibilidade interna	5,09	,63	**6,69**	,67	5,28	,49	6,61	,41
Flexibilidade externa	1,40	,66	1,85	,63	**3,24**	**,43**	3,17	,48
Cooperação externa	,39	,16	,46	,16	,66	,19	**,68**	**,21**
Inovação	2,15	2,97	2,42	3,232	**6,25**	**4,45**	6,15	3,30
Desempenho	5,90	2,97	6,70	3,05	8,23	5,51	**9,98**	**5,60**

O conjunto de hospitais estáticos é composto sobretudo por hospitais de pequena dimensão e não especializados, com uma utilização mínima de novas tecnologias, em especial as TIC. A forma rígida destes hospitais demonstra uma reduzida combinação de flexibilidade, marcada por médias baixas de flexibilidade interna e externa de 5,09 e 1,40, respetivamente. Estes hospitais permanecem fechados em si mesmos, revelando o menor nível da cooperação externa, com uma média de 0,39. Em geral, estes hospitais revelam os mais baixos níveis de inovação e desempenho, com médias de 2,15 e 5,90, respetivamente.

O conjunto de hospitais flexíveis internamente é formado por hospitais com uma dimensão média de 476 camas. Este grupo revela ainda uma mistura de flexibilidade estreita, com uma média de flexibilidade interna e externa de 6,69 e 1,85. No entanto, a diversidade de rotinas e a sua controlabilidade são maiores do que no grupo estático. A cooperação externa permanece baixa com uma média de 0,46. Neste caso, a capacidade de inovação e desempenho corresponde a uma média de 2,42 e 6,70, respetivamente.

O conjunto de hospitais externamente flexíveis é composto por hospitais de grandes dimensões e altamente especializados, com uma média de 593 para o número de camas. Os resultados revelaram uma média de flexibilidade interna de 5,28 e de 3,24 de flexibilidade externa. Isto reflete uma ampla mistura de flexibilidade marcada pelo seu carácter estratégico. Estes hospitais focam-se sobretudo em esforços de cooperação externa, com uma média de 0,66. Ao aumentar as suas relações estruturais com outras organizações, os hospitais conseguem maior capacidade de inovação, com uma média de 6,25. Este grupo revela ainda um elevado nível de desempenho, com uma média de 8,23.

Finalmente, o grupo de hospitais dinâmicos é composto principalmente por hospitais de grandes dimensões e especializados, com uma média de 514 para o número de camas. Este conjunto dinâmico revela uma ampla mistura de flexibilidade organizacional, com médias de flexibilidade interna e externa de 6,61 e 3,17, respetivamente. De modo semelhante, o grupo dinâmico mostra um elevado grau de cooperação externa, com uma média de 0,68. Estes hospitais apresentam elevada capacidade de inovação e desempenho, com médias respectivas de 6,15 e 9,98.

Apesar de os hospitais externamente flexíveis e dinâmicos apresentarem aproximadamente a mesma capacidade de inovação, o nível de desempenho do último conjunto é significativamente superior. O fator principal que diferencia os quatro conjuntos corresponde à combinação de ambas as dimensões, internas e externas, de flexibilidade. Deste modo, os conjuntos dinâmicos revelam níveis elevados de flexibilidade interna e externa, além dos níveis mais elevados de desempenho.

A análise de conteúdo de entrevistas está alinhada com os dados quantitativos. No entanto, os entrevistados destacaram ainda que a análise da inovação não pode ser limitada a um hospital. É necessário ter em conta a influência do ambiente externo, em termos de flexibilidade e inovação. Os resultados sugerem que a inovação implica maior flexibilidade interna através da integração de funções e serviços, assim como maior flexibilidade externa através da participação em amplas redes de cooperação. Contudo, o ambiente externo tem um papel fundamental no apoio a estes dois níveis de integração. Sem o apoio nacional para reforçar a cooperação externa entre as organizações do sistema de saúde e outros sectores da economia, não é possível garantir o desenvolvimento da inovação de forma sustentável.

Enquadramento da inovação nas estratégias organizacionais
Uma das dimensões da flexibilidade interna não apresentada no modelo conceptual inicial corresponde à estratégia organizacional dos hospitais. Todos os entrevistados referem que a inovação é apresentada como valor central na estratégia do hospital para atingir os seus objetivos.

Num mundo caracterizado por um aumento exponencial do desenvolvimento tecnológico, as oportunidades e as ameaças no desenvolvimento de inovações são muitas, exigindo o seu enquadramento na estratégia organizacional. De contrário, mantém-se a tendência da inovação acontecer por iniciativas isoladas, orientada sobretudo como resposta a objetivos individuais, com repercussões limitadas na organização.

Os hospitais inovadores são capazes de explicitar e transmitir a sua visão e objetivos estratégicos, antes de se prepararem para os atingir. É a partir dessa visão, do reconhecimento de que é preciso concentrar esforços em áreas específicas e apoiar os profissionais mais inovadores, que os hospitais definem as suas competências nucleares e as suas áreas de excelência. A definição das áreas de excelência do hospital é vista pelos entrevistados como forma de apoiar os melhores e assegurar que trazem vantagem para o hospital. Os entrevistados revelam o seguinte.

> *Temos serviços bons, outros muito bons e alguns excelentes. Como a uniformização dos níveis de desempenho dos serviços só poderá ser feita por baixo, acho que a especialização em determinadas áreas é inevitável.*
>
> *O apoio à inovação é um estímulo aos excelentes, para manterem a sua excelência, com um impacto positivo que se estende a todo o hospital.*

Por outro lado, o enquadramento estratégico de inovação em saúde é igualmente importante para alinhar a estratégia do hospital com os objetivos estratégicos regionais e nacionais, assim como promover o desenvolvimento de estratégias conjuntas com outros serviços de saúde.

A falta de confiança entre os hospitais é o principal obstáculo à inovação. A par do enquadramento estratégico, as ARS e o Ministério, para além de definir e coordenar a estratégia, têm um papel importante na promoção de cooperação entre os hospitais. Doutro modo, os CA de hospitais vizinhos não se reúnem, e continuamos a duplicar serviços, a desperdiçar recursos, e a tornar o sistema demasiado complexo para o doente...

Sem perceber a estratégia de inovação em saúde, ao nível regional e nacional, é difícil sentar à mesa com outros hospitais e outras parceiros locais, e mostrar que temos objetivos comuns.

Discussão

Numa sociedade marcada pela mudança das necessidades e expectativas em serviços de saúde, a inovação é referida como elemento central de políticas públicas. A capacidade de inovação revela diferenças significativas entre os hospitais. Tal dispersão pode sugerir diferentes direções estratégicas definidas pelos hospitais no sentido de melhorarar a capacidade de inovação e de desempenho.

A dinâmica entre as dimensões internas e externas da flexibilidade organizacional

A influência da interação entre as dimensões internas e externas da flexibilidade sobre o desempenho hospitalar é o tema explorado neste capítulo. A partir da análise de *clusters*, a questão fundamental é saber se as formas organizacionais podem ser sustentáveis, promovendo a flexibilidade estratégica. Por outras palavras, serão os hospitais capazes de procurar novas opções estratégicas e desviar-se dos padrões organizacionais atuais?

A análise de *clusters* explorou a opção de flexibilidade em termos de desafios para a gestão e estrutura hospitalar. Isto significa que, ao passo que a gestão tem de ativar uma mistura de flexibilidade suficiente, a estrutura do hospital precisa de assegurar as condições necessárias para uma utilização efetiva desse potencial. A análise foca-se em duas dimensões principais: a extensão da mistura de flexibilidade e a capacidade de controlo das condições organizacionais. As diferentes combinações possíveis formam quatro tipos ideais de alcançar a flexibilidade: estáticos, flexíveis internamente, flexíveis externamente e dinâmicos.

Apesar de os diferentes tamanhos e níveis de especialização dos hospitais estarem representados em cada grupo, há tendências gerais a destacar.

É ainda de sublinhar que o número de hospitais em cada grupo depende dos critérios escolhidos. Apesar de tentador, não é possível considerar que 25 % do total de hospitais são flexíveis em relação a uma determinada percentagem de outro sector. Isto não é possível, dado que a flexibilidade não é medida da mesma forma. Também os termos estáticos e dinâmicos têm de ser compreendidos dentro dos limites estabelecidos pela sua operacionalização.

Os resultados deste estudo estão em linha com a proposta de Volberda (1998) que sugere que o equilíbrio entre a flexibilidade interna e externa depende da integração entre os níveis hierárquicos e as diferentes funções e serviços dos hospitais. Sem procurar nenhum modo específico de atingir a integração, os resultados revelam três tipos de flexibilidade com base na variedade da capacidade e rapidez de resposta.

O grupo de hospitais estáticos revela uma mistura de baixa flexibilidade e é muito dominado, com pouco espaço para a improvisação. Uma estrutura central com vários níveis hierárquicos, a par de uma cultura fechada, restringe o potencial da flexibilidade organizacional. Estas características correspondem à chamada organização mecânica, como descrita por Burns e Stalker (1961). A utilização de novas tecnologias mantém-se relativamente baixa, em particular das TIC, uma vez que a tomada de decisões e a partilha de informação permanece limitada à gestão de topo. Esse tipo de controlo depende de procedimentos altamente padronizados, o que pode explicar uma baixa capacidade de inovação e um fraco nível de desempenho.

No grupo de hospitais flexíveis internamente a variedade de rotinas e a controlabilidade das condições organizacionais são menos limitadas do que no grupo anterior, o que revela maior flexibilidade interna. A combinação das dimensões internas e externas da flexibilidade organizacional reflete o planeamento detalhado e os sistemas de controlo adequados. Não há mudanças inesperadas, e a controlabilidade de condições organizacionais mantém-se elevada. Porém, face a mudanças imprevistas, pode haver um desvio estratégico, o que significa que as as mudanças organizacionais incrementais não são capazes de acompanhar as mudanças externas.

O conjunto de hospitais flexíveis externamente reflete uma mistura mais ampla da flexibilidade organizacional. Embora este grupo recorra à utilização de novas tecnologias, continuam a faltar valores fundamentais partilhados e estruturas organizacionais. Esta instabilidade administrativa pode refletir-se numa negligência estratégica. Apesar de existir uma grande diversidade de opções para a mudança, a sua implementação é particularmente difícil entre os hospitais deste grupo.

Finalmente, o grupo de hospitais dinâmicos revela tanto uma mistura entre as diferentes dimensões de flexibilidade como um elevado nível de controlabilidade das condições organizacionais. As principais características dos hospitais dinâmicos concordam com os dados empíricos anteriores sobre organizações de aprendizagem. A resposta a mudanças externas acontece de forma eficaz, através da adaptação quase imediata sem a organização perder a sua peculiaridade. Este equilíbrio entre mudança e estabilidade é especialmente bem gerido através da flexibilidade estratégica, particularmente relevante para os hospitais enfrentarem mudanças inesperadas que exigem uma resposta rápida, facto que pode explicar os níveis particularmente elevados de desempenho deste grupo.

É interessante verificar que o grupo de hospitais dinâmicos, apesar de apresentar uma menor capacidade de inovação e um menor recursos às novas tecnologias do que os hospitais flexíveis externamente, apresenta um maior nível de desempenho. Isto sugere que um maior equilíbrio entre a flexibilidade interna e externa se reflete em diferenças de desempenho, através de uma melhor integração das novas tecnologias na organização, o que maximiza o potencial da sua utilização. Na verdade, estas capacidades dinâmicas permitem ao hospital explorar novas oportunidades para se adaptar a mudanças inesperadas. Contudo, o desempenho do hospital é melhorado apenas na medida em que é capaz de explorar estas novas oportunidades.

Desenvolvimento de capacidades dinâmicas

Explora-se ainda os principais mecanismos através dos quais os hospitais dinâmicos são capazes de definir novas opções estratégicas. Tanto os resultados das entrevistas como do grupo de peritos destacam a integração de serviços, assim como a aprendizagem e a adaptação estratégica como fatores centrais para o desenvolvimento de capacidades dinâmicas pelos hospitais.

O dinamismo destes hospitais reflete a sua capacidade de avaliar o valor dos recursos existentes e integrá-los no desenvolvimento de novas competências. A integração de diferentes funções organizacionais explica o efeito das inovações no desempenho dos hospitais. Se é verdade que pequenas inovações incrementais podem ter uma influência significativa no desempenho, é também verdade que o impacto sistémico de tais inovações implica uma integração efetiva dos diferentes serviços e funções. Por último, a adaptação estratégica pode ser vista como uma definição alargada de capacidades dinâmicas que alinhe as mudanças externas com respostas inovadoras. Estas capacidades dinâmicas incluem a avaliação da sua posição estratégica e a definição de movimentos estratégicos no sentido de encontrar novas oportunidades.

O conjunto de hospitais dinâmicos revelou a sua capacidade de integração das dimensões internas e externas de flexibilidade para a adaptação à turbulência externa. Os resultados sugerem que os processos de aprendizagem, a integração e a adaptação estratégica estão intimamente interligados no desenvolvimento de capacidades dinâmicas: se a adaptação estratégica visa desenvolver novas competências, a aprendizagem assegura a sua coerência com as competências atuais. Por último, a coordenação de ambos os processos assegura que o desenvolvimento de novas competências tem capacidade de responder aos objetivos estratégicos da organização. Deste modo, estes três mecanismos podem ser vistos como dimensões das capacidades dinâmicas, contribuindo para a sua compreensão e avaliação.

Conclusões

Num ambiente externo turbulento, marcado pela crise financeira, a flexibilidade organizacional é considerada uma opção estratégica quando a antecipação é impossível e a surpresa é o mais provável. Esta flexibilidade estratégica consiste na capacidade de os hospitais se adaptarem às mudanças do ambiente através de um repensar das suas estratégias, ativos e investimentos, manifestando-se de duas formas principais: através da diversidade de estratégias, por um lado, e da capacidade de alterarar a sua estratégia, por outro. Os esforços na melhoria de desempenho devem ser direcionados para ciclos de prática e planeamento interativos, com base numa melhor compreensão de que o sucesso reside menos sobre metas planeadas e mais sobre a capacidade de resposta e adaptação do sistema através de mecanismos de direção.

É revelado que os hospitais mais inovadores reimaginam o futuro ao centrarem os serviços de saúde no utilizador e cidadão. Estes hospitais desenvolvem novas competências com vista à adoção de novas tecnologias, à atração e retenção de talento, assim como à colaboração com outros parceiros fora do sistema de saúde. Isto implica ainda novas competências para apoiar a decisão estratégica, ao mesmo tempo que assegura a flexibilidade organizacional suficiente para se adaptar aos desafios futuros.

A partir da análise destes hospitais inovadores, o presente estudo ilustra três grandes implicações na forma como os hospitais podem assegurar novas opções estratégicas. Em primeiro lugar, os hospitais mais inovadores promovem a integração das suas diferentes funções e serviços, através do reforço da comunicação entre os vários departamentos e serviços. Trata-se de uma abordagem interativa que requer um sistema de informação robusto com capacidade de assegurar a partilha de informação necessária para a tomada de decisão na gestão e prática diária. Em segundo lugar, as estruturas e os processos hospitalares são desenvolvidos para garantir a análise dos dados, a partilha de informação e a criação de conhecimento, refletindo a própria capacidade de aprendizagem. Estes processos deverão ter uma flexibilidade suficiente para apoiar a tomada de decisão em tempo real. Por último, os hospitais devem ser adaptáveis no que se refere à sua capacidade de aprendizagem e tomada de decisão.

Estes resultados trazem implicações de longo alcance para o planeamento: ao contrário dos esforços de transformação em grande escala de sistemas de saúde, sobretudo de cima para baixo, a abordagem dos hospitais inovadores assenta no descongelamento da criatividade dos profissionais da linha da frente e do potencial de inovação das comunidades locais em que o hospital se insere (Rouse, 2008). A gestão da mudança exige necessariamente a sua monitorização contínua e a partilha de informação entre todos os envolvidos ao longo do processo de inovação (Pasmore, 1994; Best, *et al.*, 2012). As políticas de inovação deverão criar mecanismos gerais que possam ser refinados e implementados num modelo de baixo para cima. Estamos aqui perante uma abordagem que reforça o potencial de renovação estratégica dos hospitais e serviços de saúde para a melhoria do seu desempenho e inovação em saúde.

O valor em saúde

O foco renovado sobre a inovação reflete a emergência de uma nova visão dos hospitais como fonte de novas ideias, quer na criação de inovação no sector da saúde, quer na interface com os outros sectores da economia portuguesa. A inovação é o tema central da estratégia económica da União Europeia (UE) para 2020, na qual é proposta uma "economia baseada no conhecimento" através da inovação, de modo a assegurar o desenvolvimento sustentável da região (European Commission, 2010). No entanto, ao olharmos para o impacto da inovação no sector da saúde, torna-se necessário evitar o habitual enviesamento pró-inovação. Este enviesamento parte do pressuposto de que qualquer inovação é naturalmente positiva para o desempenho das organizações e da sociedade. Neste âmbito, assistimos ao "paradoxo europeu", visto que a Europa é forte em ciência, mas demasiado fraca no que se refere a inovação (Dosi *et al.*, 2006).

Mas estes paradoxos aparentes podem ser também reflexo de um entendimento demasiado restrito de inovação. Há estudos anteriores que demonstram que os investimentos em ciência e tecnologia, sem mudanças organizacionais, têm um impacto limitado em termos de inovação e desempenho (Rogers, 1995; Denis *et al.*, 2002). O presente estudo faz uma abordagem crítica desta relação ao reconhecer que a inovação pode não ser necessariamente benéfica.

As primeiras investigações nesta área olharam para a inovação sobretudo como um produto, serviço ou processo suscetível de melhorar o desempenho organizacional. Trata-se de uma corrente de investigação com muitas sobreposições com a literatura sobre a gestão da mudança e o desenvolvimento organizacional (Fleuren, Wiefferink e Paulussen, 2004; Dovev *et al.*, 2011).

Os dados anteriores indicam diferenças significativas no desempenho entre as organizações, apontando os principais fatores críticos. Há duas linhas de investigação que trouxeram evidência significativa sobre a relação entre a organização do trabalho e a inovação, assim como sobre "sistemas de alto desempenho" (Kimberly e Evanisko, 1981; Salge e Vera, 2009).

No que respeita a sistemas de elevado desempenho, a literatura centra-se na difusão de estruturas organizacionais específicas no sentido de reforçar a capacidade de conseguir melhorias de eficiência dos processos e de qualidade de serviços. Estes processos procuram sobretudo o envolvimento dos profissionais de saúde na resolução de problemas operacionais e de tomada de decisão no dia a dia.

A disseminação de práticas organizacionais, como o trabalho em equipa, os círculos de qualidade e os grupos de trabalho interdepartamental, é um bom exemplo de como tornar uma organização mais inovadora. Em resumo, os dados sobre desenho organizacional e desempenho permitem identificar os diferentes arquétipos organizacionais dos hospitais mais inovadores (Gjerding, 1996; Tidd, Bessant e Pavitt K, 2005).

Apesar de haver evidência significativa acerca da relação entre inovação e desempenho noutros sectores, como seja o das telecomunicações ou o dos transportes, esta relação continua pouco desenvolvida no sector da saúde. Tendo em conta as características específicas deste sector, as correlações possíveis entre inovação e desempenho não devem ser tomadas como garantidas, antes requerendo análise empírica.

Os hospitais têm sido descritos como organizações complexas e dinâmicas. A complexidade do sector da saúde advém de várias fontes: por um lado, temos uma grande variedade de tecnologias que exigem profissionais cada vez mais especializados; por outro, a saúde visa gerar um conjunto de diferentes tarefas de trabalho que obrigam a uma ampla integração e coordenação; por último, o grau de complexidade está ainda associado à sua integração nos diferentes sectores da sociedade e da economia, proporcionando não apenas benefícios individuais, mas contribuindo também para o desenvolvimento económico e a coesão social (Kelly, Muers e Mulgan, 2002; Benington, 2005). Por conseguinte, a análise da inovação não deve ser restrita apenas a melhorias imediatas no desempenho dos hospitais; deverá abranger também questões mais amplas do seu valor público.

Os estudos anteriores apontam para um modelo conceptual, no qual a inovação acontece ao nível da interação entre o sistema de recursos e os utilizadores. Esta interação é reforçada através de uma missão e significados partilhados, marcada pela transferência efetiva de conhecimentos e a orientação para o utilizador. Por este motivo, há que mapear as diferentes relações possíveis entre inovação e desempenho, de modo a assegurar uma melhor compreensão dos seus principais estímulos e obstáculos (Greenhalgh *et al.*, 2004; Hartley, 2006).

Neste contexto, o principal objetivo deste capítulo é apresentar uma análise crítica das relações entre inovação e desempenho dos hospitais em Portugal. São também examinados os principais motores para a melhoria de desempenho através da inovação. A partir destes dados, serão indicadas as principais implicações para a gestão e a política de inovação em saúde.

Resultados

A influência da inovação no desempenho organizacional é analisada em duas fases seguidas. Primeiro, procede-se à análise da correlação entre inovação e desempenho; depois, analisa-se os diferentes grupos de hospitais. Os dados obtidos mostram que a correlação entre inovação e desempenho é positiva e elevada no sector da saúde ($r=0,664$). A capacidade de inovação explica 45 % da variação do desempenho organizacional ($r=0,446$). Nesta relação, considerou-se que a dimensão do hospital, medida pelo número de camas, poderá corresponder a uma possível variável de confusão. Contudo, através da correlação parcial entre inovação e desempenho, controlada para a variável da dimensão dos hospitais, verifica-se uma pequena variação (de $r=0,664$ para $r=0,57$), não sendo assim considerada como variável de confundimento. O mesmo se verifica para a variável de nível de especialização dos hospitais (o $r=0,664$ passa para $r=0,59$).

A análise de *clusters* de hospitais, por inovação e desempenho

No sentido de aprofundar esta correlação, foi desenvolvida uma análise de *clusters* de hospitais, tendo em conta a sua capacidade de inovação e desempenho. Os resultados revelam quatro grupos diferentes: hospitais inovadores, mas não (tão) eficientes; inovadores e eficientes; não inovadores, mas eficientes; e nem inovadores, nem eficientes.

A Tabela 17 e a Figura 7 mostram a distribuição dos hospitais pelos quatro grupos, revelando que cerca de metade dos hospitais (46 %) são nem inovadores, nem eficientes, ao passo que apenas uma pequena minoria dos hospitais (9 %) é considerada inovadora e eficiente.

TABELA 17: Classificação dos hospitais, por nível de desempenho e de inovação

Desempenho	Inovação Elevada	Inovação Baixa
Elevado	Inovadores e eficientes (9 %)	Não inovadores, mas eficientes (25 %)
Baixo	Inovadores, mas não (tão) eficientes (20 %)	Nem inovadores, nem eficientes (46 %)

FIGURA 7: Análise de *clusters* de inovação e desempenho

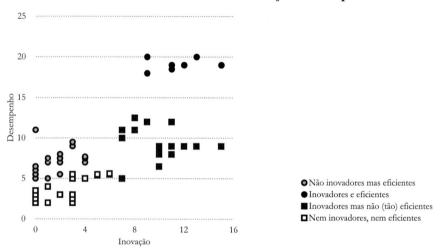

A Tabela 18 mostra as principais características de cada grupo, inclusive a sua capacidade de inovação e o seu nível de desempenho.

TABELA 18: **Análise das variáveis, por grupos de inovação e desempenho**

	Inovadores e eficientes		Inovadores, mas não (tão) eficientes		Não inovadores, mas eficientes		Nem inovadores, nem eficientes	
	Média	DP	Média	DP	Média	DP	Média	DP
Inovação	10,17	1,33	10,00	2,32	1,00	1,22	2,72	2,14
Desempenho	19,35	,50	9,98	1,48	7,31	1,39	4,21	1,27
Flexibilidade	9,44	1,18	8,29	1,32	7,43	1,79	8,08	1,37
Cooperação	,91	,11	,58	,23	,44	,12	,48	,21
TIC	2,50	,54	2,43	,64	1,47	1,23	1,97	,99
Outras tecnologias	1,67	,51	1,50	,76	,75	1,06	1,13	,90

O conjunto de hospitais nem inovadores, nem eficientes é composto pelos hospitais não especializados e de pequena dimensão, com uma média de 346 camas. Apesar da sua dimensão reduzida, estes hospitais revelam níveis baixos de flexibilidade organizacional, com uma média de 8,08. A sua capacidade de inovação é também reduzida, com uma média de 2,72. Além disto, a utilização de novas tecnologias e de cooperação externa permanecem baixas, com uma média de 0,48 e 1,97, respetivamente. Este grupo revela o menor nível de desempenho, com uma média de 4,21.

O grupo de hospitais não inovadores, mas eficientes apresenta o menor nível de inovação, com uma média de 1,00. Este grupo é composto por hospitais não especializados e de pequena dimensão, com uma média de 260 camas. O grau de implementação de novas tecnologias e o nível de cooperação externa revelam ainda os menores valores, com médias de 0,44 e 0,75, respetivamente. No entanto, o nível de desempenho é significativamente superior ao do grupo anterior, com uma média de 7,31.

O conjunto de inovadores, mas não (tão) eficientes corresponde sobretudo a hospitais envolvidos em inovação, com uma média de 10 de inovações de produtos ou serviços desenvolvidos por ano. Este grupo, apesar de composto principalmente por hospitais especializados e de grande dimensão, apresenta níveis elevados de flexibilidade de organização, com uma média de 8,29. Trata-se de hospitais que fazem ainda esforços significativos na utilização de novas tecnologias e de cooperação externa, revelando uma média de 0,58 e de 1,50, respetivamente. No entanto, o seu desempenho é inferior ao do próximo grupo de hospitais, os inovadores e eficientes, com uma média de apenas 9,98.

O conjunto de hospitais inovadores e eficientes revela resultados importantes. Apesar de a taxa de inovação ser semelhante à dos hospitais inovadores, mas não (tão) eficientes, com uma média de 10,17, o seu nível de desempenho é duas vezes superior, com uma média de 19,35. De facto, este grupo de hospitais consegue aproveitar ao máximo o potencial da inovação, de modo a assegurar melhorias de desempenho. Este grupo, que pode também ser designado como inovadores inteligentes, é composto sobretudo por hospitais especializados de grande dimensão, com uma média de 1097 camas. As características diferenciadoras deste grupo de inovadores inteligentes correspondem principalmente ao nível elevado de flexibilidade organizacional, com uma média de 9,44, assim como ao nível elevado de utilização de novas tecnologias e de cooperação externa, com médias de 1,67 e 0,91, respetivamente.

Inovação para aumentar o valor dos cuidados de saúde

A análise de conteúdo das entrevistas aos membros do Conselho de Administração dos hospitais reforça o facto de o grupo de hospitais inovadores e eficientes apresentar uma maior capacidade de traduzir a inovação num melhor desempenho. Os pontos-chave para explicar esta capacidade residem em níveis elevados de flexibilidade organizacional e cooperação externa.

A análise da influência da inovação no desempenho dos hospitais acabou por revelar toda a sua complexidade. Os entrevistados e os peritos consultados consideram que o impacto da inovação no desempenho pode ser traduzido de diferentes formas. Deste modo, na análise das respostas à questão sobre a influência da inovação no desempenho organizacional do hospital foram estabelecidas quatro categorias principais: a eficiência técnica com o foco na estrutura; a qualidade focada na cultura; a melhoria contínua com foco na resolução de problemas; e, por último, o valor da inovação com o foco nos resultados de saúde.

Foi destacado sobretudo o valor da inovação em saúde, reconhecendo o seu impacto além do desempenho organizacional, considerando ainda o desenvolvimento económico e da coesão social em Portugal. Os entrevistados referem que os hospitais inovadores se assumem como organizações centrais para o desenvolvimento da comunidade na qual estão inseridos, definindo aí o seu posicionamento estratégico. Os hospitais mais inovadores destacam-se tanto por definirem e implementarem estratégias conjuntas com outras organizações da comunidade, assentes na definição e implementação de soluções inovadoras para as necessidades específicas da população, como pela avaliação e integração dos resultados obtidos nestas redes de proximidade. Em resumo, os hospitais inovadores e eficientes destacam-se por integrarem as cadeias de valor próprias de uma sociedade em rede.

A partir da análise de conteúdo das entrevistas, fica claro que os hospitais inovadores procuram assegurar cuidados de saúde de elevado valor. Esta perspetiva de valor em termos de inovação em saúde foca-se sobretudo em resultados, em vez de em recursos. No entanto, os resultados podem ser difíceis de identificar e monitorizar ao longo do tempo, e torna-se difícil determinar as contribuições específicas das atividades do hospital em termos de resultados, dado o envolvimento de vários outros atores. É consensual que o impacto da inovação ultrapassa o desempenho organizacional com a meta de se focar no valor para o utilizador dos serviços de saúde, o cidadão, a sociedade e a economia. Estes resultados foram posteriormente triangulados e consensualizados por um painel de peritos.

Discussão

Foi obtida uma correlação positiva e elevada entre a inovação e o desempenho. Mas há que interpretar esta relação de forma crítica. Dado que esta investigação se centra sobretudo sobre os resultados pretendidos da inovação, importa reconhecer eventuais consequências não intencionais. Na verdade, a inovação não é necessariamente um processo linear, uma vez que reflete uma grande diversidade de resultados complexos e emergentes. Torna-se assim importante considerar todo um conjunto de relações possíveis entre inovação e desempenho.

Análise de *clusters* de hospitais, por inovação e desempenho

Uma análise mais detalhada da correlação é conseguida através da análise de *clusters* de hospitais, por inovação e desempenho. No entanto, na interpretação dos resultados, é de sublinhar que o número de hospitais em cada grupo depende dos critérios escolhidos e que os conceitos "inovadores" e "eficientes" têm de ser compreendidos dentro dos limites definidos pela sua operacionalização.

O grupo de hospitais nem inovadores, nem eficientes apresenta os mais baixos níveis de desempenho e de taxa de inovação. Os resultados sugerem que este grupo é marcado sobretudo pela inércia, seja por não reconhecer a necessidade de inovação e adaptação à evolução das circunstâncias externas, seja por se manter paralisado quando é necessário agir.

O grupo de não inovadores mas eficientes revela um elevado nível de desempenho sem recorrer ao desenvolvimento de inovações. Trata-se de hospitais focados em mudanças incrementais, com o objetivo de conseguir melhorias de desempenho. Durante um longo período de tempo, estas melhorias contínuas podem conduzir cumulativamente a alterações substanciais nos hospitais.

O conjunto de hospitais inovadores, mas não (tão) eficientes é constituído por organizações envolvidas em inovação, mas apresenta níveis de desempenho mais reduzidos. Na verdade, as inovações não são sempre bem-sucedidas ou podem não resultar em melhores níveis de desempenho. Estudos anteriores apontam no sentido de um nível de falhas elevado no desenvolvimento de inovações entre 38 % e 89 %. Há duas situações que se enquadram no padrão revelado por este grupo. Primeiro, pode haver sobreadoção, devido a pressões da gestão, apesar de a inovação não atender às necessidades específicas do contexto local. O desenvolvimento de inovações trata-se sobretudo da adaptação às condições locais, em vez de simples processos de adoção de inovação. Outra situação advém do facto de não se verificarem inicialmente melhorias a curto prazo, podendo mesmo assistir-se a uma diminuição temporária de desempenho. No entanto, tal inovação pode ter um impacto importante a longo prazo, o que concorda com a ideia de que a inovação não é linear, mas um processo turbulento que pode conduzir a movas soluções e obstáculos, de forma iterativa/interativa.

Por último, o grupo de inovadores e eficientes mostra resultados interessantes no sentido de se compreender melhor a relação entre a inovação e o desempenho do sistema de saúde. Neste grupo, apesar de a taxa de inovação ser a mesma, o seu nível de desempenho é mais do que o dobro do grupo anterior. De modo geral, os resultados revelam que a inovação e o desempenho são duas dimensões distintas. Idealmente, pretende-se conseguir avanços em ambas as áreas.

Factores de melhoria de desempenho através da inovação
Quanto aos principais fatores mediadores da correlação entre a inovação e o desempenho, a questão central é saber quais os fatores críticos que permitem transformar inovação em melhor desempenho hospitalar?

A resposta a esta questão pode ser conseguida através da comparação dos dois grupos de hospitais inovadores. Apesar de ambos os grupos apresentarem níveis de inovação semelhantes, existem diferenças significativas em termos de desempenho. Os hospitais inovadores e eficientes apresentam mais do dobro do nível de desempenho dos restantes hospitais.

O grupo de hospitais inovadores e eficientes consegue tirar o máximo partido das novas tecnologias. Uma das vantagens potenciais da adoção de inovações corresponde a um nível crescente de diferenciação. Contudo, os resultados sugerem que a adoção de inovações por hospitais podem não resultar em vantagens para a melhoria de desempenho. Tal efeito pode ser causado pela sobreadoção destas inovações pelos hospitais de dois modos possíveis: primeiro, uma vez que uma tecnologia particular tenha sido sobreadotada, qualquer vantagem que um hospital possa criar através de maior diferenciação será perdida; segundo, a sobreadoção pode ainda causar uma subutilização pelos vários hospitais que adquiriram a mesma tecnologia. Deste modo, não é possível obter o retorno de investimentos em tecnologias, o que sugere que os hospitais têm de ser mais seletivos e estratégicos na decisão das inovações a adotar. Estes hospitais devem ainda considerar o desenvolvimento de novos serviços menos imitáveis, mais efetivos e com custos menores.

Um olhar mais atento sobre o grupo de hospitais inovadores e eficientes revela que o principal fator discriminante é a cooperação externa, seguida do nível de flexibilidade organizacional. Na verdade, o grupo de inovadores e eficientes, revela elevados níveis de cooperação externa, com uma média de 0,91. Isto corresponde a mais do dobro dos restantes grupos. O grupo de inovadores e eficientes apresenta ainda um nível de flexibilidade organizacional superior ao grupo de inovadores mas não tão eficientes (com médias de 3,6 e 2,8, respetivamente).

Estes resultados sugerem que as inovações podem ser incompatíveis com os processos e estruturas organizacionais existentes. Deste modo, torna-se essencial compreender os processos e recursos organizacionais, de forma a assegurar as mudanças organizacionais para maximizar o impacto da inovação. Contudo, no grupo de hospitais inovadores mas, não (tão) eficientes, a adoção de inovação é muitas vezes considerada como apenas adicional, sem a necessária transformação estrutural e de processos associados. O valor sustentado da inovação é criado apenas quando determinados processos organizacionais são simplificados, automatizados ou melhorados.

Valor da inovação

Os resultados da análise de conteúdo e da técnica de grupo nominal sugerem que esta relação entre inovação e desempenho é influenciada por uma visão demasiado estrita. O impacto da inovação ultrapassa o seu desempenho organizacional e reflete-se ao nível do sistema de saúde e do seu valor público.

O valor, enquanto resultados de saúde em relação aos custos, deve definir a estrutura de melhoria de desempenho no sistema de saúde. No entanto, a mudança de foco do volume para o valor representa um desafio significativo. Na verdade, um controlo de custos que não contemple os resultados atingidos é contraproducente, dado que conduz a falsas poupanças a curto prazo e pode limitar a efetividade dos cuidados, comprometendo a sustentabilidade a médio e longo prazo. Com frequência, a melhor abordagem para reduzir custos passa por aumentar as despesas em determinados serviços mais efetivos a nível de custos que possam reduzir as necessidades de outros serviços menos efetivos. Os dados sugerem que os investimentos crescentes na prevenção de doença e nos cuidados de saúde primários podem reduzir a crescente pressão em serviços mais especializados e dispendiosos, como os serviços de urgência. De facto, estudos anteriores revelam que 25 dos 30 anos de esperança de vida ganhos desde 1900 são atribuíveis aos esforços de prevenção da doença e saúde pública (Murphy e Topel, 2005; Cutler *et al.*, 2006). Além do mais, os resultados destacam ainda que os investimentos futuros na prevenção da doença e na saúde pública podem conduzir a uma redução de 11 % dos custos em cuidados de saúde num prazo de cinco anos (US Department of Health and Human Services, 1995).

Cadeias integradas de valor

O sistema de saúde envolve uma diversidade de organizações, desde os centros de saúde até aos cuidados continuados. Contudo, nenhuma destas organizações criam valor isoladamente. A unidade para medir valor não se traduz ao nível organizacional, mas sobretudo na integração destas diferentes organizações que em conjunto asseguram a resposta às necessidades em saúde das pessoas e comunidades. O valor para a pessoa é criado pelos esforços combinados ao longo de uma cadeia de cuidados de saúde. Os benefícios de uma intervenção específica dependerão da efetividade de outras intervenções ao longo desta cadeia. Por conseguinte, o compromisso para acrescentar valor deverá ser partilhado entre as organizações envolvidas.

O valor da inovação pode ser conceptualizado como uma cadeia de valor. Esta abordagem tem a vantagem de permitir uma análise mais detalhada das principais áreas em que o valor é acrescentado em cada fase do seu desenvolvimento. No entanto, reconhecendo a estrutura complexa e sinuosa do sistema de saúde, os ganhos de eficiência através de novas práticas clínicas podem ser limitados pela forma como os serviços de saúde operam, pelo que se torna necessário considerar a inovação numa perspetiva mais ampla, em vez de a restringir ao desempenho hospitalar.

Esta visão sistémica do ciclo de cuidados de saúde foca a atenção em efeitos que são invisíveis em análises verticais. O valor acrescentado por uma intervenção pode ser reduzido ou até contraproducente em outras fases do ciclo de cuidados. Os investimentos em certas intervenções, como, por exemplo, a prevenção e a gestão da doença, têm o potencial de melhorar o seu valor global, reduzindo os custos ou melhorando a efetividade, ou ambos.

Ao invés da mera soma de intervenções ou serviços específicos, o valor em saúde representa o resultado do ciclo de cuidados As decisões de investimentos devem ser analisadas em termos do seu valor ao longo da cadeia de valor, e não apenas através da análise de custo-efetividade de intervenções isoladas, que são muitas vezes consideradas fora do seu contexto epidemiológico e social.

Promover a inovação no sistema de saúde requer a medição do seu valor. Medir o valor da inovação passa pela análise simultânea dos resultados em saúde e custos associados. Os estudos anteriores demonstram que o retorno de inovações específicas corresponde a ganhos em saúde e a redução de custos de tratamento num valor entre 1,12 dólares e 38 dólares por cada dólar investido. Este valor da inovação inclui uma diminuição de 16 % na taxa de mortalidade, um aumento na esperança de vida de 3,2 anos, assim como uma redução de 25 % na taxa de incapacidade em pessoas com mais de 65 anos de idade (Luce, *et al.*, 2006). Estes investimentos, além de melhorarem a saúde e a qualidade de vida das pessoas, resultam ainda em importantes benefícios económicos. De facto, as estimativas indicam que o aumento da esperança de vida, no período compreendido entre 1970 e 2000, acrescentou 3,2 triliões de dólares por ano à economia dos Estados Unidos da América (Murphy e Topel, 2006). Tais resultados sugerem que uma sociedade mais saudável é mais produtiva e mais capaz de sustentar o crescimento económico.

Conclusões
Este estudo mapeia a relação entre a inovação e o desempenho dos hospitais, contribuindo para uma melhor compreensão dos principais motores da inovação no sistema de saúde. Explica ainda os processos-chave para o desenvolvimento da inovação, descrevendo-os como um percurso dinâmico e interativo. Tal perspetiva dinâmica traz informações importantes para promover a reformulação de serviços de saúde de elevado valor. Em simultâneo, o estudo demonstra que a inovação, só por si, não se traduz necessariamente em melhorias de desempenho. Na verdade, a relação entre a inovação e o desempenho dos hospitais é mediada por uma série de fatores, incluindo a flexibilidade organizacional e a cooperação externa. Estes fatores são refletidos em estruturas organizacionais mais flexíveis baseadas na partilha de informação e mecanismos de retorno, assim como redes de cooperação com os vários parceiros do processo de inovação.

A análise do grupo de hospitais inovadores e eficientes revela resultados importantes para a melhor compreensão do impacto da inovação no desempenho. Os hospitais inovadores e eficientes, apesar de desenvolverem o mesmo número de inovações dos outros hospitais inovadores, apresentam o dobro do nível de desempenho. São hospitais que conseguem tirar partido do potencial de redes de cooperação externa, através da redução ou da partilha do risco associado ao desenvolvimento de inovações. A flexibilidade organizacional destes hospitais permite ainda assegurar a capacidade de aprendizagem necessária para retirar lições dos insucessos e redirecionar os seus esforços de inovação, se necessário.

Contudo, a avaliação do impacto da inovação através de medidas de desempenho reflete uma perspetiva demasiado limitada e insuficiente. A análise do impacto da inovação precisa de considerar não só as melhorias imediatas de desempenho, mas também de contemplar os domínios mais amplos do valor público. Com efeito, a determinação do valor da inovação em saúde é relevante para o desenvolvimento de mecanismos de incentivo adequados. Como os investimentos no sector hospitalar se exprimem além dos ganhos em desempenho, há a necessidade de identificar melhor os seus retornos sociais e económicos. E há ainda a necessidade de definir o valor em saúde, alinhando as diferentes perspetivas deste valor entre os diferentes atores envolvidos no processo de inovação.

O valor deve ser o objetivo central do sistema de saúde. Este objetivo é o que realmente interessa às pessoas e aos utilizadores do sistema de saúde e tem ainda a capacidade de reunir os interesses de todos os atores deste. Se a inovação traz valor, os cidadãos, os profissionais de saúde, os financiadores e as empresas de tecnologia podem beneficiar dele, assegurando a sustentabilidade económica do sistema de saúde. A falta de avaliação de resultados e custos é uma das principais barreiras à melhoria do desempenho e à criação de valor em saúde. As estruturas organizacionais e os esquemas de financiamento atuais criam obstáculos à avaliação de valor. Deste modo, o sistema de saúde não se organiza em torno do valor, o que compromete o ritmo da inovação (Hay, 2006).

Não obstante, neste estudo identificaram-se importantes avanços dos hospitais mais inovadores na sua reestruturação em torno do valor em saúde. A integração destes hospitais em cadeias de valor mais amplas promove a transformação do sistema através da inovação. À medida que cada vez mais hospitais e outros serviços se focam no valor em saúde e na sua avaliação, maior é o potencial para melhorar o desempenho e a sustentabilidade do sistema de saúde.

Medidas de promoção da inovação

A crise económica atual traduz-se numa pressão crescente sobre os sistemas de saúde através do aumento da procura de serviços e da diminuição de recursos disponíveis. O sistema de saúde está em colisão com as necessidades de saúde das pessoas e a realidade económica. Sem as mudanças estratégicas e estruturais necessárias, a escala deste problema irá necessariamente piorar.

Face a este contexto, reconhece-se a importância da inovação para assegurar a sustentabilidade de um sistema de saúde capaz de responder, de forma mais efetiva, às necessidades da população. Para muitas pessoas, os problemas atuais do sistema de saúde parecem não ter solução. Sem uma abordagem estratégica diferente, o sistema de saúde irá evoluir para cortes adicionais e arbitrários na despesa e racionalização do acesso a serviços. No entanto, nenhum destes resultados traduz uma solução efetiva. É necessário pensar e fazer de forma diferente. Por este motivo, a partir dos resultados obtidos, foi constituído um painel de quinze peritos em diferentes áreas do sistema de saúde, no sentido de serem identificadas medidas que tornem o sector da saúde mais inovador na criação de valor.

O estudo sugere uma série de medidas para assegurar o valor dos investimentos atuais em saúde através da inovação. As medidas propostas foram posteriormente avaliadas e classificadas, de acordo com o seu nível de dificuldade e de impacto relativo.

Os peritos realçaram que a análise da situação atual e as medidas de promoção da inovação não podem nem devem ser limitadas apenas ao sector hospitalar. Tornar os hospitais portugueses mais inovadores só será possível se todo o sistema de saúde também o for. Deste modo, consideram que, para serem efetivas, as medidas propostas deverão ser implementadas ao longo do ciclo de cuidados de saúde.

Situação atual
A identificação de um conjunto de medidas para tornar o sistema de saúde mais inovador partiu necessariamente da análise da situação atual. A exploração dos atuais pontos fracos e fortes permite pensar o que queremos para o futuro do sector da saúde, assim como o poderemos alcançar.

Com base nos resultados obtidos através da técnica de grupo nominal, torna-se possível a identificação das principais forças e fraquezas do sector da saúde no sentido da promoção de inovação. Realça-se ainda um conjunto de medidas com importante potencial para tornar o sistema de saúde mais inovador.

Pontos fortes
Há uma série de especificidades do sector da saúde que correspondem a pontos fortes para o desenvolvimento da inovação. O painel de peritos identificou os seguintes aspetos: a cultura de empreendedorismo público; a cultura profissional orientada para a qualidade; a estrutura organizacional horizontal assente no trabalho em equipa de diferentes grupos profissionais altamente especializados; a crescente preocupação de gestão da mudança; e o foco no desenvolvimento profissional.

O sector da saúde em Portugal é alvo da maior parte do investimento público, em comparação com os restantes sectores, assim como com outros países europeus. Trata-se de um sector muito credível, marcado pela confiança dos utilizadores dos serviços e assente em valores da equidade e solidariedade social. Por outro lado, é um sector em crise contínua e onde mais se inova a nível tecnológico, em Portugal. Marcados por características específicas fortes, os hospitais constituem um parceiro no desenvolvimento de inovações. A cooperação interorganizacional no sector da saúde acontece sobretudo através de alianças estratégicas com universidades e centros tecnológicos. Há outras características específicas do sector que se traduzem em maior potencial de inovação, inclusive uma cultura profissional orientada para a qualidade e marcada por um elevado nível de empreendedorismo público. Por outro lado, a flexibilidade da estrutura organizacional assenta no trabalho em equipas interdisciplinares e dinâmicas, constituídas por profissionais altamente qualificados. Por último, é de destacar, ao nível dos processos organizacionais, a relevância crescente do desenvolvimento profissional e de inovação na gestão hospitalar.

Pontos fracos

Apesar das características acima referidas, o sistema de saúde em Portugal apresenta também uma série de aspetos que condicionam o desenvolvimento da inovação. Os peritos destacaram os seguintes pontos fracos do sistema de saúde: uma cultura marcada pelo corporativismo público; o fraco foco no utilizador no desenho e organização de serviços de saúde; a existência de duas linhas de poder paralelas (poder técnico e gestionário); a fraca cooperação entre organizações do sector da saúde e outros sectores da sociedade; e uma crescente pressão para a adoção de inovações, sem análises adequadas e avaliações de custo-efetividade.

As principais fraquezas correspondem a uma cultura organizacional marcada pelo corporativismo público e a uma fraca orientação para o utilizador. Ao nível da estrutura organizacional, os peritos alertaram para a reduzida capacidade de liderança, caracterizada por duas linhas de poder paralelas (o poder técnico e o poder gestionário) que entram em conflito e dificultam a implementação de estratégias organizacionais. De facto, a promoção da inovação dá-se sobretudo ao nível da interface entre a gestão e os profissionais de saúde. As dificuldades nesta interface estão relacionadas com a inexistência de um sistema de informação integrado e de avaliação de desempenho global, o que compromete a responsabilização dos profissionais e a valorização da inovação na gestão de recursos humanos.

Num contexto marcado pela desconfiança entre as diferentes instituições, a fraca cooperação interorganizacional compromete a capacidade de inovação do sector da saúde. Para isto contribui a inexistência de um enquadramento estratégico para a promoção da inovação, que assegure a sua tradução em estratégias locais concertadas com a gestão de recursos integrados entre diferentes serviços de saúde, devidamente monitorizadas pelos parceiros envolvidos. Por outro lado, o esforço desenvolvido na definição de uma estratégia local deve ser também aplicado na sua implementação através da disseminação da inovação desenvolvida em nichos de excelência por todo o sistema de saúde. A inexistência de um sistema de informação e comunicação robusto, e suficientemente dinâmico, entre os parceiros traduz-se na falta de transparência e de comunicação entre os diferentes atores, comprometendo a cooperação externa.

Por último, os peritos destacam a pressão crescente para a adoção de inovações tecnológicas, assim como as questões de governação. Num contexto económico difícil, a pressão crescente das indústrias tecnológicas, no sentido da introdução de novas tecnologias nos hospitais, assume-se como um dos principais pontos fracos, visto que não corresponde a uma relação de parceria na criação de inovação, mas de mera adoção de tecnologias com impacto limitado. Em termos de governação, os peritos destacam a pressão política na implementação de inovações de cima para baixo, além da utilização deficiente dos instrumentos legislativos já existentes. Tais pressões resultam muitas vezes na adoção de inovações sem uma avaliação apropriada.

Medidas de inovação
Reconhecendo os pontos fortes e fracos relativos à capacidade de inovação do sector hospitalar, os peritos identificaram as principais medidas de inovação. Ao nível da organização, destaca-se a importância de intervir na interface entre os gestores e os profissionais de saúde, através do achatamento gradual da estrutura organizacional, da promoção do trabalho em equipa e maior autonomia destas equipas. Por outro lado, a promoção da inovação deve integrar a estratégia da organização com a capacidade de assegurar parcerias com outras organizações e outros sectores da sociedade. A sua implementação deve ser assegurada através da gestão de um conjunto estratégico de projetos de inovação, com processos adequados de avaliação e comunicação dos resultados obtidos.

Os resultados deste estudo indicam que a inovação nos hospitais e o seu impacto podem ser considerados apenas num contexto mais abrangente, ao nível do sistema de saúde. Deste modo, é de realçar a importância de um dispositivo de análise e de direção estratégica ao nível nacional e regional que assegure a articulação entre os vários atores envolvidos na inovação em saúde. Neste sentido, a definição de estratégias conjuntas, assim como a avaliação de resultados ao longo da cadeia de valor dos cuidados de saúde destacam-se como medidas importantes.

Os peritos destacam a importância do controlo da informação, de modo a assegurar sistemas e fluxos de informação seguros que permitam a medição de resultados, bem como a criação de hospitais sem papel. Isto é essencial não apenas para o dispositivo de análise e direção estratégica, mas também para as próprias organizações do sector da saúde, assim como para outros sectores da sociedade.

O financiamento corresponde a um instrumento que permite assegurar os investimentos e incentivos necessários à inovação. Os peritos consideram que os processos de contratualização têm um efeito positivo ao nível da interface gestão-profissionais de saúde. No entanto, os mecanismos de contratualização interna devem também acontecer ao nível da interface entre os serviços e a comunidade. Isto é, a integração das várias linhas de financiamento e os mecanismos de contratualização devem ter por base uma perspetiva de continuum de cuidados. Deste modo, é possível promover o desenvolvimento de estratégias conjuntas que asseguram a integração dos serviços de saúde ao nível do sistema de saúde e da sociedade em geral.

Por último, os peritos destacam a importância de apoiar a cooperação interorganizacional na promoção da inovação, o que direciona o foco para a interface dos serviços com a comunidade, promovendo um novo paradigma orientado para o utilizador final. É nesta interface que a inovação acontece, melhorando o contacto com a comunidade e assegurando que as inovações acrescentam valor ao longo da cadeia dos cuidados.

Prioridades para a promoção da inovação
A partir de uma longa lista de medidas apontadas pelos peritos, surge a questão: por onde devemos começar? Quais as medidas que devem avançar com prioridade máxima? E serão estas medidas aplicáveis ao contexto português atual?

Os peritos procederam à priorização destas medidas com base em critérios predefinidos a nível de importância relativa, dificuldade e estado de implementação. A Tabela 19 apresenta as medidas para a promoção da inovação propostas. A Figura 8 e a Figura 9 revelam a priorização dessas medidas, por níveis de dificuldade de implementação, importância relativa e estado de desenvolvimento.

Tabela 19: Medidas de promoção da inovação nos hospitais propostas pelos peritos

A. Planeamento dinâmico e a articulação entre os diferentes serviços de saúde.

B. Gestão por objetivos, com monitorização dos indicadores com a consequente aplicação de medidas corretivas.

C. Valorização da inovação como instrumento estratégico dinamizador dos serviços e do desenvolvimento profissional.

D. Fluxos e sistemas de informação transparentes, isentos, seguros e auditáveis.

E. Revisão do enquadramento dos profissionais de saúde nas instituições, flexibilização e racionalização da gestão dos recursos humanos.

F. Investimento na formação profissional enquadrada com os objetivos estratégicos da organização.

G. Mudança do paradigma assistencial centrado no utilizador de serviços.

H. Concentração de unidades hospitalares com descentralização na estrutura organizacional.

I. Articulação com as entidades a montante e a jusante dos problemas de saúde, focalizando o hospital no tratamento de doença aguda.

J. Criação de mecanismos que permitam aumentar a literacia da população em saúde.

K. Desenvolvimento da inovação com base em conjuntos estratégicos de projetos.

L. Incentivo e pagamento das instituições com base em resultados.

As medidas de promoção da inovação foram classificadas de acordo com o seu estado e dificuldade de implementação. Segundo os votos dos peritos, a distribuição das medidas é a seguinte, por ordem decrescente de dificuldade de implementação: o financiamento por resultados ao longo do ciclo de cuidados, organização dos serviços centrados na pessoa, flexibilização e gestão de recursos humanos, descentralização na estrutura organizacional, articulação de cuidados de saúde, sistema de informação, gestão por objectivos e formação profissional.

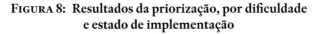

FIGURA 8: Resultados da priorização, por dificuldade e estado de implementação

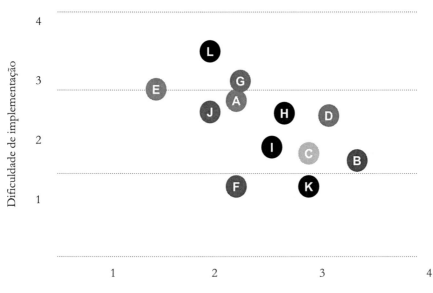

A classificação das medidas de acordo com o seu estado de implementação revelam a seguinte distribuição, por ordem decrescente de importância relativa: o desenvolvimento de sistemas de informação, gestão por objectivos, planeamento dinâmico, organização dos serviços centrados na pessoa, descentralização da estrutura organizacional, flexibilização da gestão de recursos humanos, investimentos em formação profissional, promoção da literacia em saúde, desenvolvimento de projectos estratégicos de inovação.

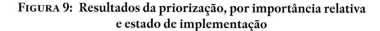

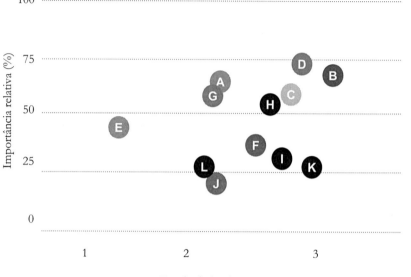

As medidas foram analisadas em três vertentes, em simultâneo: a importância relativa, a complexidade de implementação e o estado de desenvolvimento em 2012. A partir desta análise, é apresentada uma matriz resumo dos resultados que permite enquadrar e concluir em relação à oportunidade de implementação das medidas (Figura 10). Deste modo, é possível definir onde os investimentos devem ser feitos, assim como identificar as medidas com ganhos rápidos e as medidas a longo prazo.

MEDIDAS DE PROMOÇÃO DA INOVAÇÃO

FIGURA 10: **Análise das medidas, segundo a importância relativa e a dificuldade de implementação**

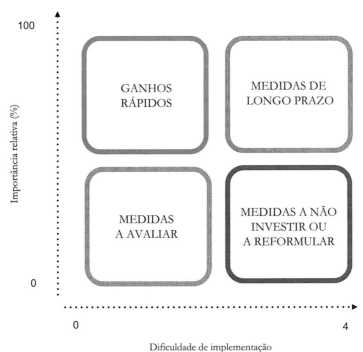

Dificuldade de implementação

A Figura 11 mostra a distribuição das doze medidas em três grupos diferentes, categorizadas como *ganhos-rápidos* (medidas que exigem menor esforço relativo), medidas de longo prazo e outras medidas a serem reformuladas.

O VALOR DA INOVAÇÃO

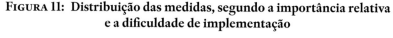

FIGURA 11: **Distribuição das medidas, segundo a importância relativa e a dificuldade de implementação**

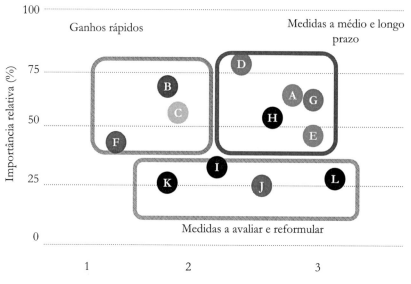

Segundo esta priorização, considera-se que o enquadramento estratégico da inovação ao nível nacional e regional, o controlo da informação e a orientação para o utilizador dos serviços de saúde são medidas de médio e longo prazo, com impacto potencial na promoção da inovação no sistema de saúde.

As medidas *ganhos-rápidos* envolvem menor esforço relativo e incluem: a promoção da inovação como alavanca estratégica para a melhoria do desempenho organizacional e a sua disseminação no hospital; a integração do desenvolvimento profissional na estratégia do hospital, contribuindo assim para alcançar os objetivos estratégicos da organização e o desenvolvimento organizacional; a monitorização e avaliação do desempenho organizacional.

Outras medidas devem ser analisadas no sentido de apurar o seu custo-benefício para sustentar a decisão de investimento ou de, em alternativa, as reformular. Estas medidas incluem a articulação com as entidades a montante e a jusante do problema, a criação de mecanismos que permitam aumentar a literacia da população no domínio da saúde, o desenvolvimento de inovação com base em projetos e programas, e a criação de incentivos e mecanismos de financiamento com base em resultados numa perspetiva de continuum de cuidados de saúde.

Discussão

O desenvolvimento de sistemas de informação, o planeamento dinâmico, a gestão por objetivos e o foco no utilizador foram destacados como as principais medidas para assegurar serviços de saúde de valor elevado. O sistema de informação é a medida com prioridade máxima para assegurar a transformação do sector hospitalar. Tal sistema garante a capacidade de rastrear e vincular os diferentes processos e atores em todo o sistema de saúde. O potencial das TIC para melhorar os fluxos de informação dentro e fora da organização pode ser utilizado para introduzir flexibilidade de processos organizacionais. A ampliação do acesso e a interoperabilidade do sistema permite que as TIC funcionem como um importante canal para a criação e disseminação da inovação no sistema de saúde.

Reconhecida a importância da informação, torna-se necessário assegurar a sua gestão de forma eficiente e efetiva. Isto significa promover a circulação de informação, de forma interativa, ao nível de todos os atores sociais relevantes para a saúde da população, e de forma convergente, apoiando a tomada de decisão a todos os níveis, inclusive o da direção estratégica, da gestão de serviços de saúde, assim como da tomada de decisões pelos cidadãos e pela sociedade em geral.

Sistema de informação em saúde

Além de estarem estruturados em silos, por departamento, localização, tipo de serviços e dados específicos, a maioria dos sistemas de informação complicam os processos de inovação, em vez de os simplificarem. Na verdade, estes sistemas correspondem apenas a um instrumento de apoio à integração de serviços, à avaliação de resultados e a novos modelos de financiamento estruturados ao longo de uma cadeia de valor em saúde. Para esse efeito, o sistema deve ser desenhado e implementado para seguir cada pessoa ao longo dos diferentes serviços, desde a hospitalização, passando por consultas médicas, testes de diagnóstico, gestão da doença e promoção da saúde. Deste modo, os dados são agregados em torno das pessoas, e não de departamentos, unidades ou localizações específicas.

Promover inovação no sistema da saúde implica a medição de resultados em saúde, a monitorização dos custos centrados na pessoa, assim como o acesso a informação mais personalizada para assegurar o controlo de fatores de risco específicos.

No entanto, inclusive nos sistemas mais avançados, a capacidade para recolher e analisar dados de resultados em saúde e custos associados permanece demasiado fraca. Desde modo, o desenvolvimento de um sistema de informação integrado torna-se uma prioridade central para o sector da saúde.

Planeamento e gestão

O planeamento dinâmico é a segunda medida prioritária para melhorar o valor dos serviços de saúde. É possível argumentar que é mais fácil para os hospitais moverem-se rapidamente ao longo de trajetórias estabelecidas do que abrir novas direções. Os peritos consideram que a estrutura financeira do sector hospitalar é demasiado inflexível, devido a restrições do planeamento de financiamento por parte do ciclo orçamental anual. Deste modo, não é possível que os hospitais acumulem fundos discricionários. Na verdade, qualquer excedente gerado será retirado dos hospitais, e o orçamento pode até ser reduzido no ano seguinte. Esses fatores deixam pouco espaço para inovações que exijam grandes investimentos iniciais.

A gestão por objetivos é outra medida central para a inovação em saúde. Quando o foco da gestão permanece apenas em custos iniciais relacionados com a inovação, o resultado é uma visão de curto prazo e uma aversão ao risco. No entanto, o sistema de financiamento baseia-se na prática de não subsidiar os custos associados a esforços de inovação que acabam por melhorar o desempenho. Na verdade, se uma inovação melhora a eficiência, reduzindo os níveis de atividade, um hospital pode ser mesmo penalizado. Em resumo, a falta de incentivos com foco nos resultados em saúde continua a ser um obstáculo para a melhoria do valor acrescentado.

Os processos de melhoria de desempenho requerem necessariamente a avaliação de resultados em saúde e respetivos custos associados. As melhorias de desempenho acontecem na monitorização do progresso ao longo do tempo e na comparação do seu desempenho com outros serviços e sectores. De facto, a medição de valor, como resultados em saúde obtidos por cada euro utilizado, é um passo central na melhoria de cuidados de saúde.

No entanto, a avaliação de resultados tende a focar-se nos aspetos sobre os quais os profissionais de saúde têm controlo direto ou nos indicadores clínicos mais fáceis de medir. A medição de resultados deve centrar-se sobre o que as pessoas procuram e valorizam. Com base nestes dados, torna-se possível promover serviços de saúde centrados na pessoa, com maior capacidade de responder às suas necessidades e expectativas específicas.

Por outro lado, num sector marcado por uma elevada pressão para reduzir custos, torna-se essencial obter informação adequada sobre custos em saúde. Contudo, a maioria dos sistemas de informação dos custos são estruturados por departamentos e especialidades médicas, com o objetivo de obter reembolso por volume de intervenções.

Neste contexto, à medida que os serviços de saúde são cada vez mais pressionados para apresentar resultados e reduzir custos, torna-se necessária a sua reestruturação no sentido de assegurar uma base de informação completa ao longo de todo o ciclo de cuidados. Deste modo, torna-se possível comparar os custos com os resultados obtidos. Esta mudança reflete uma transformação do sistema orientado para investimentos em serviços mais custo-efetivos.

Serviços centrados na pessoa

Por último, destaca-se um maior foco no utilizador dos serviços. O sector da saúde é ainda marcado por uma fraca participação e envolvimento do utilizador nos cuidados de saúde. Este contexto é muitas vezes marcado por uma relação paternalista entre o profissional de saúde e os utilizadores dos serviços. A personalização de serviços de saúde está a reformular a forma como a inovação é desenvolvida e por quem. Na verdade, a cocriação de inovações com os utilizadores aumenta o seu impacto potencial na prática diária. Significa assim práticas abertas assentes na cocriação de inovações e na integração destes serviços. Em geral, isto pode resultar no alinhamento de diferentes vias ou níveis de serviços, colocando a pessoa no centro do sistema de saúde. A implementação deste conjunto de medidas centra-se diretamente nos resultados em saúde, melhorando a transparência do sistema através dos seus diferentes actores, assim como promovendo programas de incentivo à inovação. Contudo, as abordagens atuais de avaliação de resultados em saúde e custos são uma barreira à criação de valor em saúde. E, por sua vez, conduzem ainda a medidas de controlo de custos que são ineficientes e por vezes até contra produtivas. Hoje, os hospitais acumulam custos por especialidades e departamentos médicos, ao mesmo tempo que ignoram os resultados em saúde obtidos. A avaliação dos custos e dos resultados ao longo de cadeias de valor permitirá assegurar uma redução de custos estruturais através da realocação de despesas em serviços mais custo-efetivos, eliminação de serviços duplicados e sem valor acrescentado, maximização da capacidade instalada, assim como promoção de serviços a um nível mais adequado e próximo do cidadão e da comunidade.

A dificuldade de priorizar a melhoria e a avaliação do valor no sistema de saúde conduz ao controlo de custos inefetivos e compromete a inovação, o que resulta no aumento de custos finais. Deste modo, alinhar o financiamento com a criação de valor tem o potencial de promover a eficiência para atingir resultados em saúde, em vez do mero aumento do volume de produção de atividades clínicas.

Financiamento integrado

Os modelos atuais de financiamento em saúde, inclusive o pagamento por volume de serviços e por capitação, não se focam na melhoria do valor em cuidados de saúde. O financiamento por capitação recompensa os serviços com menores custos, mas não promove a melhoria de resultados em saúde. Por outro lado, o pagamento de serviços alinha o financiamento com aspetos passíveis de serem controlados por serviços específicos, sem incluir os custos ou resultados globais. Deste modo, os serviços são recompensados por aumentar o volume de produção, sem aumentar necessariamente o valor que acrescentam.

Os peritos destacam a necessidade de orientar o modelo de financiamento para os resultados de saúde, numa perspetiva de continuidade do ciclo de cuidados. Isto corresponde a um modelo de financiamento integrado, capaz de monitorizar as despesas relativas a profissionais de saúde, serviços, tecnologias e medicamentos utilizados ao longo deste ciclo. Os serviços são assim recompensados por melhorias de eficiência quando mantêm ou melhoram os resultados em saúde.

Conclusões

As oportunidades que os serviços de saúde enfrentam tornam-se propícias para assegurar a transformação do sistema de saúde. Contudo, a trajetória, a dinâmica e o formato futuro dos sistemas de saúde permanecem suscetíveis a uma série de incertezas, o que exige uma abordagem e uma cultura orientada para a mudança com um conjunto diverso de atores relevantes para a saúde. É ainda necessário assegurar um conjunto diversificado de políticas e estratégias para a inovação em saúde.

As reformas anteriores de sistemas de saúde têm sido descritas como uma sucessão de soluções restritas e impostas por atores externos. Porém, uma análise realista das diferentes reformas revela que estas não respondem aos problemas estruturais e estratégicos que afetam o valor de cuidados de saúde.

Ainda que muitas destas reformas sejam úteis, torna-se necessária uma verdadeira transformação estratégica para acrescentar valor em saúde. Os investimentos isolados em sistemas de informação, muito frequentes em toda a Europa, são um excelente exemplo de oportunidades perdidas na utilização efetiva de novas tecnologias. Apesar de as TIC serem um instrumento com poder de transformar o desempenho do sistema de saúde, os sistemas de informação, estruturados em silos departamentais ou especialidades médicas, não permitem a medição de custos e resultados em saúde, assim como a sua orientação no sentido de acrescentar valor. Deste modo, a implementação e a utilização de TIC requer uma reestruturação dos serviços de saúde. De contrário, o potencial destas tecnologias perde-se.

Por outro lado, para serem efetivas, as medidas de promoção de inovação aqui identificadas têm de acontecer não só ao nível do hospital, mas em todo o sistema de saúde, integrando as redes de cooperação de cada hospital em redes externas mais amplas e dinâmicas. Desta forma, torna-se possível promover uma rede com ideias e massa crítica suficiente, marcada por uma dinâmica do fluxo de informação e de gestão do conhecimento adequada aos desafios do sistema de saúde em Portugal. De modo geral, verifica-se que as principais medidas para a promoção da inovação em saúde vão além do centro das organizações e se focam na sua periferia e na cooperação com outras organizações. A avaliação da incerteza, com o reconhecimento dos limites da influência do sector da saúde, poderá significar o alargamento dos limites do que é habitualmente possível, preparando-se para eventuais desvios ao longo do caminho.

Ao expandir os limites das soluções além do sector da saúde, o sistema de saúde torna-se mais diverso e inclusivo. Por conseguinte, torna-se capaz de introduzir novas ideias para o desenvolvimento de serviços de saúde mais efetivos. Além das tradicionais medidas do lado da oferta, o envolvimento das pessoas na prevenção e na gestão da doença conduz a medidas custo-efetivas do lado da procura.

Torna-se necessário reconsiderar as consequências das proposições de valor do sistema de saúde, assim como do seu impacto sobre a saúde e a economia. A inovação está no centro das estratégias de saúde não para conseguir mudanças incrementais, mas para mudar fundamentalmente a forma de pensar e desenhar os serviços de saúde do futuro.

Os serviços de saúde necessitam de desenvolver novas competências no sentido de redefinir o seu valor. À medida que o valor da inovação em saúde é compreendido como uma medida de resultados em saúde e de controlo de custos, o sistema de saúde torna-se cada vez mais eficiente e inovador.

Criar o futuro do sistema de saúde

Os avanços científicos permitiram que as pessoas vivam mais tempo e mais saudáveis. Uma pessoa que nasça hoje tem uma esperança de vida de mais 30 anos do que há cem anos atrás. É uma revolução nas nossas vidas, assim como na transformação da sociedade. Contudo, estes ganhos têm sido acompanhados por aumentos significativos em despesas de saúde (Cutler *et al.*, 2006). E os decisores políticos tendem a olhar apenas para o lado dos custos, concluindo rapidamente que os investimentos são muito elevados. Estes progressos alertam para a necessidade de considerar, em simultâneo, os custos e os benefícios dos investimentos em saúde. Desta forma, torna-se possível destacar quais os investimentos que produzem valor real para os indivíduos, as comunidades e a sociedade em geral.

Os progressos na melhoria da saúde da população resultam do crescimento económico, de novos conhecimentos científicos e práticas clínicas, de melhor informação pública acerca de comportamentos saudáveis, assim como de medidas de proteção da saúde pública. Estudos anteriores consideram que o aumento da esperança de vida, no início do século xx, ocorreu como resultado do crescimento económico; na segunda metade do século, as melhorias refletem sobretudo avanços no tratamento de doenças infecciosas; por último, o progresso no final do século está associado à promoção da saúde e também a avanços em serviços de prevenção e tratamento (Cutler e Kadiyala, 1999).

Estes avanços realçam ainda a importância de uma transformação do sistema de saúde orientada para o futuro. Algumas das características de tal sistema correspondem a um apoio para que as pessoas assumam um maior controlo da sua saúde e bem-estar, se ultrapasse a fragmentação dos cuidados de saúde centrados na pessoa e haja um maior foco nos recursos da comunidade capazes de apoiar a transformação necessária.

Ainda que estas ideias possam revolucionar o desenho do sistema de saúde em Portugal, o principal desafio é a sua transformação em mudanças de larga escala. O sistema de saúde deverá tornar-se mais aberto, de forma a aprender com as mudanças que já ocorreram noutros sectores, em que os próprios utilizadores são atores centrais no processo de inovação.

A partir das competências identificadas nos hospitais inovadores, torna-se possível imaginar o sistema de saúde do futuro. Este implica uma mudança fundamental de um papel meramente reativo dos serviços de saúde, face a episódios isolados de doença aguda, para se focar na integração de cuidados, assente sobretudo na prevenção da doença e na promoção da saúde. Neste âmbito, as pessoas terão um poder crescente para se envolverem de maneira proativa nos cuidados de saúde, cada vez mais personalizados e convenientes, como, por exemplo, nos serviços domiciliários ou *on-line*. Esta mudança significa a redefinição do valor em saúde, com vista a assegurar um sistema mais custo-efetivo, mais sustentável e integrado em redes de cooperação suficientemente dinâmicas.

No futuro, o sistema de saúde será um verdadeiro sistema de sistemas focado no valor, centrado na pessoa e integrado em redes de parcerias na comunidade local. Por sua vez, o conhecimento será traduzido na prática, de forma mais efetiva, com profissionais de saúde e investigadores em colaboração em tempo real e ao nível global.

Com base na análise dos hospitais mais inovadores, é possível identificar os vários aspetos desta transformação, que já está a acontecer, através das competências descritas ao longo do livro. Os hospitais mais inovadores apontam para uma tendência de transformação, revelando alguns sinais de como será o futuro do sistema de saúde.

Este livro apresenta quatro importantes conclusões para a transformação do sistema de saúde através da inovação. Primeiro, destaca a importância de um pensamento sistémico na procura de respostas aos novos desafios. Os avanços no desenvolvimento do sistema de inovação em saúde têm potencial para desenvolver novos produtos e serviços mais alinhados com as necessidades e expectativas dos cidadãos. Segundo, a transformação do sistema de saúde requer a criação de novos conhecimentos, assim como a sua utilização efetiva no quotidiano do sistema de saúde. Terceiro, os resultados apresentados ao longo deste trabalho revelam a nova natureza da inovação em saúde: a inovação em saúde é cada vez mais aberta e centrada na pessoa. Deste modo, a cooperação externa assume-se como o motor central da inovação. Além do envolvimento de outros serviços de saúde e outros sectores da sociedade, o sistema de saúde centra-se na pessoa enquanto cocriadora de inovação. Por último, a inovação em saúde tem o potencial de aproximar a saúde da economia. De facto, ainda que o sector da saúde seja muitas vezes considerado apenas como consumidor de recursos, o desenvolvimento de inovação neste sector tem implicações para a melhoria do desempenho do sistema de saúde, assim como para a coesão social, a maior competitividade e o desenvolvimento económico. Isto é particularmente relevante face à crise económica e financeira atual, pelo que o sector da saúde assume um papel importante no relançameto da economia.

Pensamento sistémico
É frequente o debate sobre o futuro dos sistemas de saúde adotar uma perspetiva reducionista que ignore o seu contexto social e epidemiológico. Assegurar uma perspetiva mais abrangente requer uma expansão na forma de olhar e pensar o sistema de saúde em três direções centrais.

Primeiro, torna-se essencial adotar um pensamento sistémico que inclua as diferentes funções de serviços de saúde, de natureza individual ou populacional, assim como a governança, o financiamento, os recursos humanos e tecnológicos. Contudo, o sistema de saúde não consiste apenas nos seus componentes, mas sobretudo nas interações entre esses componentes. Os sistemas são arquiteturas dinâmicas de interações e sinergias. Antecipar como uma intervenção pode influenciar estas diferentes funções torna-se fundamental e constitui uma oportunidade de aplicar o pensamento sistémico de forma construtiva.

Segundo, sugere-se uma abordagem suficientemente abrangente na procura de soluções em ambos os lados da procura e da oferta de cuidados de saúde. A importância desta abordagem advém da possibilidade de abrir as portas para intervenções de saúde pública mais custo-efetivas. As políticas de saúde pública de controlo do tabaco, promoção de alimentação saudável e exercício físico apresentam um impacto muito significativo na melhoria da saúde da população. Uma população mais saudável traduz-se naturalmente em menor pressão ao nível dos cuidados de saúde, assim como em maior potencial em termos de produtividade e desenvolvimento económico.

Numa perspetiva dinâmica, a população não é apenas um beneficiário externo do sistema, mas o seu principal parceiro. No contexto da saúde, as pessoas desempenham diferentes papéis: enquanto doentes com necessidades específicas que requerem cuidados; enquanto utilizadores com expectativas sobre os serviços prestados; como contribuintes preocupados com o custo e a eficiência dos serviços financiados; e como cidadãos interessados em assegurar o acesso a cuidados de saúde e a coesão social. Por último, e mais importante, as pessoas são coprodutoras de saúde através da procura de cuidados adequados, da adesão ao tratamento médico, e de comportamentos mais ou menos saudáveis.

Os sistemas de saúde são o instrumento principal para transformar conhecimento em ações mais efetivas. Contudo, a avaliação de reformas de saúde é muitas vezes negligenciada. De facto, cada inovação em sistemas de saúde constitui uma oportunidade de aprendizagem. Não aproveitar estas oportunidades resultará necessariamente em redescobrir, a grande custo, o que já sabíamos e repetir erros passados. Deste modo, as iniciativas atuais de reforma dos sistemas de saúde devem ser acompanhadas de um esforço para criar um processo de aprendizagem partilhada e transversal a todo o sistema. Tal poderá resultar num sistema de aprendizagem, suficientemente inteligente, para ser capaz de responder, de forma efetiva, aos novos problemas.

A capacidade de inovação do sistema de saúde irá depender da colaboração entre os vários atores-chave em torno de uma visão partilhada, ao mesmo tempo que estes antecipam as formas possíveis como os outros parceiros irão reagir às suas ações. O principal objetivo de um pensamento sistémico na prática diária é o de criar e promover organizações de aprendizagem a todos os níveis, que permitam ligar diferentes disciplinas, comunidades e sectores. Estas organizações de aprendizagem são capazes de colaborar continuamente para criar um futuro comum (Senge, 1990; Greene, Reid e Larson, 2012).

O desenvolvimento de organizações de aprendizagem é necessário face à transição epidemiológica em que as doenças crónicas assumem um peso crescente. Estas doenças crónicas, como a diabetes, as doenças cardiovasculares e o cancro, trazem novos desafios para os sistemas de saúde.

Estes desafios resultam da complexidade crescente, devido ao vasto conjunto de causas de doença, inclusive determinantes comportamentais, sociais e económicos, e à sua cronicidade ao longo da vida, com vários episódios agudos.

As organizações de saúde enfrentam desafios particulares quando os contextos do sistema de saúde evoluem rapidamente. Os princípios fundamentais para a melhoria do desempenho incluem o papel crítico da cooperação em redes e da comunicação interativa com vários circuitos de retorno entre si.

Os profissionais de saúde deverão ser capazes de estabelecer objetivos comuns com as pessoas, os utilizadores de serviços e outros atores relevantes, assegurando que cada parceiro é informado e envolvido. A partir de uma perspetiva sistémica, um maior envolvimento dos vários parceiros representa a oportunidade de quebrar barreiras entre profissionais e utilizadores dos serviços de saúde, investigadores, cidadãos e decisores políticos. A evidência científica, desenvolvida pelos investigadores, necessita de ser integrada com o conhecimento tácito de todos os outros atores do sistema de saúde.

Apoiar a criação de conhecimento em saúde
O acesso à informação e ao conhecimento em tempo real transformou a forma como vivemos em sociedade. Hoje, a maioria das pessoas é bombardeada com informações ao longo do dia. O aumento da disponibilidade de informação conduziu a amplas mudanças sociais, alterando os modelos de negócios dos diferentes sectores da economia, assim como a forma como os governos interagem com os cidadãos. Vários países europeus têm procurado tirar o máximo partido do acesso à informação para aumentar a sua produtividade e assegurar serviços mais eficientes.

No sector da saúde, a investigação biomédica está a produzir algumas das descobertas clínicas mais avançadas e inovadoras do mundo. Mas estes novos conhecimentos não são ainda devidamente utilizados na tomada de decisão clínica. De facto, os dados empíricos alertam para o facto de as práticas recomendadas serem prestadas apenas em cerca de metade dos casos (McGlynn, 2003). Uma das principais barreiras para a aplicação coerente da evidência é a quantidade enorme de conhecimento que é produzido todos os anos. O volume e a complexidade dos diagnósticos e tratamentos médicos ultrapassam a capacidade de qualquer profissional de saúde agregar, sintetizar e interpretar informação para clínica prática. O resultado é uma qualidade desigual em termos dos cuidados de saúde.

A partir dos resultados deste estudo, propõe-se a transformação do sector da saúde num sistema de aprendizagem. Neste, os dados, as informações e os conhecimentos produzidos a partir da investigação biomédica e da prática clínica são capturados, armazenados, partilhados, e utilizados através de ferramentas de apoio. As novas ferramentas tecnológicas, devidamente integradas, têm um papel central no apoio à tomada de decisão informada a todos os níveis, desde os decisores políticos, aos gestores, aos profissionais de saúde e utilizadores dos serviços. A visão de tal sistema de aprendizagem traduz a crescente capacidade de criação e utilização de informação e conhecimento na melhoria contínua do desempenho.

Os métodos atuais para a criação de conhecimento clínico, apesar de eficazes, são lentos e demasiado caros. No entanto, a necessidade de conhecimento para a tomada de decisões, nomeadamente clínicas, nunca foi tão grande. O aumento da taxa a que as novas intervenções e tecnologias médicas são desenvolvidas, associado ao acesso facilitado aos dados de cada indivíduo e variações específicas na resposta aos tratamentos, requer o desenvolvimento de novas formas de criação e utilização de novos conhecimentos na prática clínica diária.

Num verdadeiro sistema de aprendizagem, a informação e o conhecimento são desenvolvidos como subprodutos naturais do processo de cuidados de saúde. O conhecimento sobre a eficácia, a qualidade e o valor destes é obtido a partir de cada experiência individual. O aumento da utilização de dados recolhidos na prática clínica e as novas metodologias podem ajudar a garantir que a investigação informa as configurações do mundo real.

Em cada fase do ciclo de cuidados de saúde, verificam-se importantes deficiências na forma como os serviços criam e aplicam conhecimento científico nos cuidados prestados, contribuindo para uma série de oportunidades perdidas. A transformação do sistema de saúde requer sistemas de informação robustos que apoiem cuidados consistentes com as melhores práticas, assim como a capacidade de aproveitar o conhecimento criado na prática clínica diária.

Contudo, a relação entre os sistemas de saúde e o campo da ciência e tecnologia continua a ser raramente reconhecida. É frequente os sistemas de saúde serem vistos apenas em termos de prestação de cuidados de saúde, ignorando áreas mais amplas das suas atividades, tais como a investigação e a inovação. Ao mesmo tempo, as políticas de inovação não se centram em assuntos relacionados com a saúde, uma vez que não são consideradas estrategicamente importantes para o desenvolvimento económico. É neste contexto que o conceito de um sistema de inovação em saúde tem sido destacado como tentativa de abranger os diferente motores de inovação para a melhoria da saúde.

O sistema de inovação em saúde consiste numa rede de instituições, cujas atividades e interações criam conhecimento científico, assim como produzem e aplicam as tecnologias para enfrentar os desafios atuais em saúde. Este sistema surge na interseção entre o sistema de saúde e um sistema de inovação mais amplo que inclui outros sectores como o das telecomunicações, dos transportes ou o sector social.

Ao longo dos diferentes capítulos deste livro, procurou-se realçar as diferentes formas como a inovação acontece no sector da saúde e os principais fatores críticos na sua transformação em valor acrescentado para os utilizadores, a sociedade e a economia. Fica claro que a inovação resulta dos esforços concertados para acrescentar valor sob a forma de cooperação externa entre os diferentes sectores da sociedade. A capacidade de aprendizagem, de criação e de utilização de conhecimento é a chave para reduzir o fosso existente entre o sistema de saúde de hoje e o que queremos para o futuro.

Na maioria dos casos, os sistemas de saúde e de inovação são vistos como áreas distintas de atuação. A ciência, a tecnologia e a inovação são fundamentais para a melhoria da saúde e a redução das desigualdades. Apesar de as melhorias no acesso a novas tecnologias ser importante, a mera adoção destas não é suficiente para assegurar a sustentabilidade dos sistemas de saúde. É necessário também assegurar a avaliação destas tecnologias, inclusive através de análises de custo-efetividade. Por outro lado, torna-se essencial que os serviços de saúde assumam um papel mais ativo, reforçando a sua capacidade para desenvolver a própria inovação, adaptada às necessidades locais.

Estes resultados são consistentes com a recente Comissão Global do *Lancet* e do Imperial College London sobre o acesso global a tecnologias de saúde (Howitt *et al.*, 2012). Esta comissão foca-se no desenvolvimento da capacidade de aprendizagem, ao invés de na aquisição de tecnologias ou competências técnicas e científicas específicas. A partir desta perspetiva sistémica, o ponto-chave reside no desenvolvimento cumulativo de capacidades de inovação entre os diferentes atores e instituições, em vez de em meras invenções isoladas e pontuais.

Abrir as redes de inovação
Os resultados deste estudo revelam a nova natureza da inovação em saúde, fortemente marcada pelo foco crescente no utilizador dos serviços de saúde e nas redes de cooperação externa. O sucesso da inovação depende da interação do sistema de saúde com outros sectores, no que pode ser denominado de sistema de inovação. Para serem efetivas, essas interações devem ser capazes de incluir o parceiro principal e foco da inovação, isto é, o utilizador dos serviços de saúde. Do mesmo modo, reconhecidas as especificidades de contexto local e nacional, estas redes de inovação são ainda naturalmente globais e beneficiam do potencial do conhecimento existente em outros países através da sua integração em plataformas mais vastas e dinâmicas.

Inovação aberta
A prevalência crescente de doenças crónicas alterou os parâmetros para repensar a abrangência das políticas de saúde. Por se tratar de problemas como uma multiplicidade de causas, a solução deverá ser necessariamente holística. Este sistema, totalmente interdependente, influencia e é influenciado por inúmeras políticas de outros sectores, como, por exemplo, os serviços sociais, a educação e o planeamento urbano. Mais do que nunca, os profissionais de saúde e de outros sectores da sociedade devem pensar em conjunto a melhor forma de assegurar o desempenho do sistema de saúde através da inovação.

Para os indivíduos com múltiplas doenças crónicas, existe uma grande diversidade de áreas de ação a integrar em redes de cooperação. Isto vai além da integração de cuidados primários e secundários, no sentido de interligar e coordenar todos os serviços que cada pessoa utiliza, inclusive os centros de saúde e os cuidados continuados na comunidade e, sempre que apropriado, outros serviços públicos, como a assistência social, a educação e o emprego, o que significa serviços de saúde mais integrados, em vez das habituais linhas isoladas de cuidados específicos para cada uma das várias doenças.

Não existem caminhos predefinidos para a integração dos serviços de saúde em rede. A integração destas redes nem sempre requer integração formal de serviços, acontecendo sobretudo através da comunicação, mais dinâmica e efetiva, entre os diferentes parceiros do sistema. A promoção do trabalho em rede necessita de ser apoiada por novos modelos de financiamento, como sejam os orçamentos partilhados ao longo da cadeia de cuidados, as novas abordagens de contratualização, inclusive a contratualização conjunta, e as novas tecnologias digitais, como registos eletrónicos pessoais que permitam acompanhar as pessoas ao longo do seu percurso no sistema de saúde.

Coprodução de inovação
A complexidade dos cuidados de saúde desafia não só os profissionais de saúde, mas também (e sobretudo) os utilizadores dos seus serviços, os cidadãos e as comunidades locais. A especialização crescente dificultou aos utilizadores a navegação no sistema de saúde de forma a encontrar os cuidados adequados às suas condições. Além disso, ao moverem-se entre os diferentes prestadores, os utilizadores enfrentam muitas vezes problemas de comunicação e coordenação que podem resultar em cuidados fragmentados e duplicação de serviços. A melhoria da qualidade, a eficiência e o valor dos serviços exige mudanças importantes na cultura, na organização, nos incentivos e nos sistemas de informações que suportam os cuidados de saúde.

A era da informação, marcada pelo importante papel das redes sociais apresenta novas oportunidades para a personalização dos cuidados, assim como para o envolvimento do cidadão no desenho e na melhoria de desempenho do sistema de saúde. De modo a que as pessoas se mantenham saudáveis, é essencial apoiar o acesso a informações e comunidades de interesse, assegurando que estas informações são relevantes.

A participação do cidadão é essencial para trazer mudanças reais e adaptar as escolhas de saúde às suas próprias necessidades. Os cidadãos têm, assim, acesso à oportunidade de conhecer as condições de saúde que enfrentam e à melhor forma de as gerir, de forma independente e efetiva, na sua própria casa e na comunidade local. A coprodução é uma nova abordagem onde as soluções são desenhadas e prestadas com as pessoas (em vez de apenas para as pessoas) e estabelece uma alternativa ao modelo dominante de serviços públicos em que os profissionais desenham e prestam serviços para os utilizadores com base nas suas necessidades.

A coprodução abandona a questão habitual acerca de quais os serviços de que as pessoas precisam para se focar em como cada um de nós quer viver a sua vida. O princípio subjacente de coprodução é que as respostas às necessidades das pessoas são mais efetivas quando estas são envolvidas em relações de igualdade e de reciprocidade com os profissionais de saúde, cooperando para encontrar novas soluções mais eficientes. Contudo, mudar os mecanismos atuais de colaboração torna-se difícil para os profissionais de saúde e os utilizadores de serviços. O êxito desta mudança requer utilizadores informados e envolvidos nos cuidados, profissionais motivados para o trabalho em parceria e um ambiente de confiança entre ambos.

A sustentabilidade do sistema de saúde dependerá ainda da capacidade dos cidadãos e das comunidades locais para promoverem a saúde e prevenirem a doença, através de redes de cooperação entre os diferentes sectores da sociedade, nomeadamente o sector da saúde, o sector social e o sector tecnológico, entre outros.

Neste contexto, as iniciativas da OMS, como os projetos Cidades Saudáveis e Cidades Amigas das Pessoas Idosas, põem a saúde na agenda política e social das cidades e comunidades locais, ao mesmo tempo que criam um movimento global com todos os sectores da sociedade para a inovação local. Ambas as iniciativas enfatizam a governança participativa, a colaboração intersectorial e as medidas para enfrentar os determinantes da saúde. Por exemplo, o projeto Cidades Amigas das Pessoas Idosas foca-se ainda na criação de ambientes capazes de promover o envelhecimento ativo e saudável, através da cooperação intersectorial em oito áreas específicas: espaços exteriores e edifícios, transporte, habitação, participação social, respeito e inclusão social, emprego e participação cívica, comunicação, assim como serviços de saúde e de apoio na comunidade (WHO, 2007).

Esta abordagem corresponde a uma forma mais eficiente de atuar ao nível da procura de cuidados, através da promoção da saúde e prevenção da doença. Trata-se de algo particularmente crítico face ao rápido envelhecimento da população e ao peso crescente das doenças crónicas.

Um número crescente de cidades e comunidades locais em todo o mundo enfrentam desafios semelhantes na promoção da saúde e do envelhecimento ativo. Neste contexto, as redes globais de cidades saudáveis e cidades amigas das pessoas idosas, apoiadas pela OMS, têm o potencial de promover a partilha de informação, conhecimento e aprendizagem mútua entre as diversas comunidades locais ao nível global (WHO, 2007; Rydin, *et al.*, 2012).

Redes globais (e em português)
Como demonstrado neste estudo, os hospitais mais inovadores formam e integram extensas redes de cooperação e parcerias de inovação. De forma isolada, nenhuma organização possui todos os conhecimentos e recursos necessários para inovar. Deste modo, as redes globais oferecem oportunidades para aceder e combinar o conhecimento disperso a nível global numa escala nunca antes vista.

As redes de inovação em saúde ultrapassam naturalmente as fronteiras geográficas e interligam os diferentes grupos ao nível local, nacional e global. Apesar de terem objetivos específicos e trabalharem de formas diferentes, estas redes constituem importantes iniciativas para a criação de inovação em saúde.

Neste contexto, destacam-se os avanços conseguidos pela Comunidade dos Países de Língua Portuguesa (CPLP) no desenvolvimento de uma estratégia conjunta para a melhoria dos sistemas de saúde que inclui a criação de redes, no sentido de reforçar a capacidade institucional.

A CPLP criou uma rede lusófona de institutos nacionais de saúde e universidades. Portugal e Brasil, assim como agências internacionais e fundações privadas, asseguraram o financiamento inicial desta rede. A rede da CPLP reveste-se de potencial para apoiar o desenvolvimento de inovação e novas tecnologias em português. Esta dimensão global, assente na diversidade de perspetivas e soluções possíveis, é crucial para a inovação em saúde (CPLP, 2014).

Nesta rede, o Brasil tem sido um exemplo de reforço da capacidade científica e tecnológica ao nível global que importa destacar. O aumento na procura de serviços de saúde combinado com a adoção de novas tecnologias conduziu à duplicação das despesas associadas a tecnologias médicas, numa proporção do orçamento nacional que subiu de 6 % para 12 % entre 2003 e 2009 (Ministério da Saúde do Brasil, 2008). O Ministério da Saúde do Brasil, assim como o da Ciência e Tecnologia, têm investido, de forma contínua, na redução dessa dependência, através de investimentos crescentes no desenvolvimento científico e tecnológico. O aumento da capacidade científica do Brasil proporciona uma base importante para o desenvolvimento de parcerias público-privadas com empresas nacionais em termos de inovação em saúde. De facto, a publicação de estudos de investigação brasileiros em revistas científicas duplicaram de 15 000 para 30 000 em apenas cinco anos, o que corresponde a 3 % da produção científica mundial (Ministério da Saúde do Brasil, 2008). Estes desenvolvimentos importantes não se restringiram ao Brasil, mas expandiram-se a toda a rede da CPLP. O desenvolvimento de produção de medicamentos básicos e de antirretrovirais é um dos vários exemplos práticos da cooperação entre o Brasil e Moçambique na área da inovação em saúde.

A médio e longo prazo, a rede de institutos de investigação da CPLP tem o potencial de gerar inovações que poderão configurar-se como um complexo produtivo da saúde que visa ampliar o acesso da população a novas tecnologias, desenvolver uma indústria sustentável e dinamizar a economia do sector da saúde (Gadelha, 2006).

Aproximar a saúde e a economia
O desempenho do sistema de saúde e a economia estão intimamente interligados, e esta ligação não deve ser subestimada. Como este estudo indica, o valor da inovação em saúde ultrapassa o sector hospitalar e o sistema de saúde, realçando o seu impacto social e económico. Os investimentos em saúde não são apenas desejáveis, são sobretudo uma prioridade para a maioria das sociedades. Face aos desafios atuais, não é de admirar que a questão sobre como garantir a sustentabilidade financeira dos sistemas de saúde tenha passado para o topo da agenda política de todos os países da Europa (Sachs, 2002; WHO, 2013b).

Na sua maioria, os fatores contextuais externos que afetam a saúde estão ligados, direta ou indiretamente, ao desenvolvimento económico. A pobreza conduz a má nutrição ou a acesso restrito à água potável, o que predispõe as pessoas e as comunidades para a doença e contribui, por sua vez, ainda para mais pobreza. O trabalho da OMS sobre países em desenvolvimento tem documentado o enorme impacto negativo da doença sobre o desenvolvimento económico (WHO, 2001). Por outro lado, assistimos à influência positiva da prevenção da doença e dos cuidados de saúde na economia. Apesar desta relação, é frequente que os gastos públicos com o sistema de saúde sejam descritos como uma grande fonte de consumo de recursos da economia, uma vez que o investimento neste sistema compete com investimentos noutras áreas (Nordhaus, 2002).

Apesar da pressão crescente para a diminuição das despesas, o sector da saúde é dos mais dinâmicos da economia portuguesa. E os dados são muito claros. Em 2014, o sector da saúde exportou 1,2 mil milhões de euros em tecnologias de saúde para os EUA, Angola e Alemanha, entre outros países. O nível de exportações duplicou desde 2008. Em termos do coeficiente das importações pelas exportações, assiste-se igualmente a um aumento positivo de 25 % para 40 % nos últimos cinco anos. Por outro lado, mesmo em tempos de crise, o sector da saúde revela uma capacidade crescente de criação de emprego e valor acrescentado. Os resultados apontam para a criação de quatro mil novas empresas, o que corresponde a um aumento de 27 % entre 2007 e 2010. Do mesmo modo, verificou-se a criação de cerca de oito mil novos empregos, atingindo o número total de 243 mil profissionais de saúde, na sua maioria altamente especializados. O volume de negócios na área da saúde é superior a 26 mil milhões de euros, 15 % do PIB. Isto corresponde a um valor acrescentado de 4,8 % do PIB, revelando ainda um crescimento anual de 1,9 % entre 2008 e 2010, ao contrário da diminuição anual de 0,8 % da economia portuguesa (Pereira e Almeida, 2013).

A mensagem central deste livro é a de que os investimentos para a inovação em saúde devem ser encontrados em áreas de interação entre a saúde e a economia. O crescimento económico, os investimentos financeiros e o emprego são o resultado do desempenho e da qualidade do sistema económico, dos seus marcos regulatórios, das políticas de comércio, do capital social e dos mercados de trabalho. Da mesma forma, as condições de saúde não dependem apenas dos padrões de vida, mas do real desempenho dos sistemas de saúde. Torna-se essencial explorar ao máximo estas interações entre a saúde e a economia.

O desempenho económico influencia a saúde da população. Na sua maioria, os países mais ricos têm populações mais saudáveis. A pobreza em todas as suas dimensões, como, por exemplo, a desnutrição e a ausência de educação, afeta negativamente a esperança de vida. O PIB tem um efeito direto sobre o desenvolvimento dos sistemas de saúde de um país, através de uma maior ou menor cobertura da população. Como demonstrado pela Comissão sobre a Macroeconomia e a Saúde da OMS, apesar de serem determinadas principalmente pelo produto interno nacional, as despesas de saúde aumentam mais rapidamente do que o rendimento (WHO, 2001). Por outro lado, os efeitos da saúde sobre o desenvolvimento são igualmente claros. Os países com baixos níveis de saúde e de educação revelam maior dificuldade em alcançar um crescimento sustentado. Por exemplo, os dados económicos confirmam que uma melhoria de 10 % na esperança de vida à nascença está associada a um aumento no crescimento económico de cerca de 0,4 pontos percentuais anuais. Na sua maioria, os países procuram a excelência dos serviços de saúde como um diferencial competitivo. A qualidade destes serviços permite atrair potencial humano e os melhores talentos para trabalharem num ambiente mais saudável. Deste modo, o acesso e a sustentabilidade dos serviços de saúde tornam-se centrais para a qualidade de vida e a coesão social, o que contribui para países mais competitivos com menores níveis de desigualdades e maior inclusão social (WHO, 2001; Sachs, 2002).

A crise económica e financeira afetou negativamente muitos dos determinantes sociais de saúde, como, por exemplo, os níveis de emprego, os rendimentos salariais e as oportunidades de educação. Apesar das grandes limitações nos dados sobre os efeitos da crise na saúde, verificam-se algumas tendências comuns. O aumento do desemprego está associado a comportamentos de consumo excessivo de álcool e tabaco, ao aumento de taxas de morbilidade de doenças mentais e de mortalidade por suicídio. Assiste-se ao aumento das taxas de suicídio desde 2007, revertendo a anterior tendência decrescente na Europa (WHO, 2014). A incidência de infecção por VIH/SIDA tem também aumentado em alguns dos países europeus mais afetados, onde os programas de prevenção da doença, como os serviços de trocas de seringas e de tratamento precoce foram reduzidos, devido a cortes orçamentais. Contudo, a análise do impacto da crise é muito mais complexa, uma vez que a maioria dos efeitos em saúde não se manifestam de imediato. Deste modo, na sequência das mudanças atuais no acesso aos serviços de saúde, poderão emergir novos problemas de saúde nos próximos anos.

Face à pressão fiscal crescente, as respostas políticas de curto prazo devem ser consistentes com as reformas estruturais do sistema de saúde. Isto passa por assegurar serviços coordenados, centrados nos cuidados primários e na comunidade, com particular ênfase na promoção da saúde e prevenção da doença. Os dados sugerem que a maioria dos governos têm procurado absorver cortes orçamentais através de ganhos de eficiência. Outros países mais afectados têm reduzido o acesso a tratamentos ou aumentado os custos para o utilizador. Neste âmbito, importa minimizar o potencial impacto negativo sobre a saúde através do foco no acesso a serviços de valor elevado e na proteção dos grupos mais vulneráveis (WHO, 2013b).

Os sistemas de saúde de desempenho elevado são mais resilientes em tempos de crise. Trata-se de sistemas que tendem a ter maior capacidade de gestão, o que, por sua vez, reforça a sua resiliência para lidar com cortes orçamentais. Neste contexto, é de destacar o pacote de investimento social para o crescimento e coesão da Comissão Europeia (2013), iniciativa que visa ajudar os Estados-membros a utilizar os orçamentos sociais e de saúde de forma mais eficiente e eficaz, através da promoção de melhores práticas. Aqui, os investimentos em saúde destacam-se como componente fundamental para o reforço da economia e a saída da crise económica e financeira.

As crises económicas e financeiras podem criar oportunidades políticas para implementar reformas estruturais nos sistemas de saúde. No entanto, a pressão no sentido de mudanças rápidas pode resultar em vários efeitos adversos. Responder aos desafios impostos pela crise, de forma atempada é um teste à boa governação do sistema de saúde. A preocupação contínua com ganhos de eficiência, combinada com uma política fiscal prudente, é a estratégia mais efetiva para proteger a equidade e a solidariedade em períodos de crise económica.

Daqui resulta que o desafio passa por harmonizar as políticas económicas e de saúde, de forma a alcançar tanto o crescimento económico como os ganhos em saúde. Esta coerência de políticas acontece sobretudo através de redes com potencial para reduzir a duplicação de serviços, o desperdício de recursos e a ação desarticulada de todos os atores envolvidos na cadeia de valor, o que inclui cidadãos, utilizadores de serviços, profissionais de saúde, gestores e decisores políticos.

Implicações

O modelo conceptual proposto neste livro permite compreender melhor o poder da inovação na transformação do sistema de saúde. Os resultados apontam para a mudança do foco das novas tecnologias para a inovação organizacional. As inovações com maior impacto na nossa sociedade, como, por exemplo, os telemóveis ou os serviços *on-line*, envolveram necessariamente a reorganização estrutural dos diferentes sectores da economia. Ainda que muitas destas inovações tenham uma importante componente tecnológica, os novos modelos organizacionais assumem-se como peça central para aproveitar ao máximo o seu potencial. Uma vez reconhecido que o sistema de saúde manteve a sua estrutura essencialmente inalterada nas últimas décadas, as oportunidades para a inovação organizacional são imensas.

No entanto, o debate sobre a sustentabilidade do sistema de saúde foca-se sobretudo nos custos variáveis de unidades de serviços, em vez de repensar e restruturar os custos fixos resultantes de modelos organizacionais ultrapassados. Por exemplo: apesar de os serviços de saúde a pessoas com diabetes ou doenças cardiovasculares serem prestados, de forma crescente, em ambulatório e na comunidade, o sistema de saúde continua a centrar-se principalmente no sector hospitalar.

Os resultados aqui apresentados alertam para a necessidade de uma nova forma de pensar o sistema de saúde. Primeiro, verifica-se que a mera adição de recursos humanos, financeiros e conhecimentos não é suficiente. Há que intervir, de forma simultânea, na melhoria das práticas clínicas, na organização de serviços e nos resultados em saúde. Segundo, é essencial pensar sistematicamente na forma como os vários componentes do sistema de saúde interagem entre si e funcionam em conjunto. As mudanças numa parte do sistema podem afetar todos os outros componentes. Por exemplo, o aumento do número de profissionais de saúde, as mudanças nos esquemas de financiamento e a implementação de novas tecnologias interagem entre si, com consequências no desempenho global do sistema de saúde. Em terceiro lugar, uma melhor compreensão de como o sistema de saúde funciona, de forma efetiva, permite promover a sua transformação através do apoio à criação e disseminação ampla de inovação.

Revela-se ainda a natureza aberta da inovação no sector da saúde. O processo de inovação criado em laboratórios isolados de investigação e desenvolvimento está ultrapassado. A própria inovação mudou. Hoje, a inovação abre-se a redes amplas de cooperação e é centrada na pessoa, que se assume como cocriadora de valor, sendo os conhecimentos sobre as suas necessidades e expectativas específicas essenciais para a criação de serviços mais efetivos. Por outro lado, a inovação acontece estimulada pela utilização criativa dos recursos globais disponíveis na resposta aos desafios locais. Importa compreender esta nova natureza da inovação, com o objetivo de reforçar a capacidade do sistema para criar valor em saúde.

Os resultados apresentados apontam para uma reestruturação do sistema de saúde ao longo de uma cadeia de valor, o que significa uma mudança de um sistema fragmentado e reativo a episódios isolados de doença aguda para um modelo integrado de serviços de saúde orientados em torno da pessoa. Esta mudança está a ser promovida pelas necessidades e exigências dos cidadãos e utilizadores dos serviços de saúde, assim como pela pressão para controlar as despesas em saúde. O resultado é não só um maior acesso a cuidados de saúde, mas também melhorias sustentadas de resultados em saúde por cada euro gasto. Medir os custos e os resultados ao longo da cadeia de valor em saúde permitirá uma redução de custos estruturais, através da realocação de despesas em serviços mais custo-efetivos, como sejam os cuidados de saúde primários e a prevenção da doença. É com base nestas conclusões que são apontadas as principais implicações políticas, práticas e de investigação para os diferentes parceiros no desenvolvimento da inovação em saúde.

A maioria das mudanças necessárias no sistema de saúde acontece na forma de estruturas organizacionais mais flexíveis e processos organizacionais melhorados, com um sistema de informação integrado que assegure a medição de resultados em saúde e custos associados. A transformação do sistema de saúde assenta, assim, no desenvolvimento de uma infraestrutura tecnológica capaz de apoiar avanços em saúde e criar incentivos para a disseminação do conhecimento na prática diária. Apoiar a investigação em sistemas de saúde é uma base essencial para tornar o sector cada vez mais inovador.

Implicações da investigação
Todos os dias, os serviços de saúde enfrentam decisões cruciais no sentido de melhorarem o seu desempenho, sem possuírem a informação e o conhecimento necessários para os guiar. A investigação em sistemas de saúde pode apoiar os serviços para prestarem cuidados mais efetivos, conduzindo a melhores resultados centrados na pessoa.

A investigação futura nesta área deverá focar-se nos aspetos sistémicos, que podem traduzir-se numa melhoria de resultados em saúde. Estes projetos pretendem sobretudo comparar a efetividade dos diferentes aspetos, como, por exemplo, as novas tecnologias e as novas estruturas e políticas, desenhadas para otimizar a qualidade, os resultados e a eficiência dos serviços de saúde.

Por outro lado, numa tentativa de controlar a tendência crescente das doenças crónicas e os custos elevados a elas associados, muitos governos europeus têm investido numa variedade de políticas de promoção da saúde. Contudo, estes esforços têm sido afetados por uma disponibilidade limitada de dados sobre a efetividade de intervenções de promoção de saúde e prevenção da doença. As avaliações de custo-efetividade são cada vez menores e mais limitadas em termos das opções consideradas. A estrutura CHOICE (*Choosing Interventions that are Cost-Effective*) da OMS permite analisar a eficiência de uma série de opções políticas para promover estilos de vida saudáveis e prevenir doenças. Esta abordagem CHOICE é utilizada por vários parceiros para desenvolver análises de custo-efetividade e transferir os investimentos em saúde para intervenções mais custo-efetivas, nomeadamente os cuidados de saúde primários e a promoção da saúde (WHO, 2003; Hutubessy *et al.*, 2002).

É a partir dos dados científicos disponíveis que as políticas nacionais podem motivar a tomada de decisão informada em termos organizacionais, financeiros e de recursos humanos, orientada para a melhoria do desempenho do sistema de saúde. A prioridade nesta área de investigação deve assentar sobretudo no desenvolvimento de estudos desenhados para determinar o efeito diferencial da inovação sistémica sobre resultados de saúde centrados na pessoa.

Resultados de saúde centrados na pessoa

A investigação de resultados centrados na pessoa é um campo de investigação relativamente novo, que se foca nas necessidades e expectativas das pessoas e se orienta para os resultados que elas consideram mais importantes. Esta área de investigação pode apoiar os utilizadores de serviços, em parceria com os profissionais, a tomarem decisões mais informadas sobre a sua saúde e as opções de serviços de saúde (Washington e Lipstein, 2011; Gabriel e Normand, 2012).

A investigação nesta área foca-se sobretudo no estudo dos benefícios das intervenções preventivas, diagnósticas, terapêuticas e paliativas para informar a tomada de decisão, realçando comparações e resultados em saúde. Na análise destes benefícios devem ser incluídas as preferências das pessoas no que se refere ao seu nível de autonomia e às suas necessidades, com foco particular nos resultados que as pessoas valorizam, como a funcionalidade e o bem-estar. A investigação de resultados em saúde centrados na pessoa combina a análise das diferentes perspetivas dos vários atores do sistema de saúde, ao nível das novas tecnologias e serviços, assim como dos recursos humanos e financeiros necessários.

A inclusão das diferentes perspetivas dos vários atores do sistema de saúde, permite responder a potenciais barreiras à implementação e disseminação da inovação, o que se reflecte em benefícios para todos. Para os decisores políticos, permite a utilização de dados científicos necessários para a tomada de decisão sobre medidas de melhoria dos resultados em saúde a um custo sustentável. Para os investigadores, significa dar prioridade ao desenho de estudos que criem um conjunto de dados úteis para melhorar os resultados da investigação ao nível do seu impacto. Para os profissionais de saúde, significa um maior foco no acesso aos dados científicos no sentido de apoiar a tomada de decisões na prática clínica diária. Para os utentes, esta estratégia de investigação assegura o acesso à informação sobre os serviços e as opções de tratamento mais efetivos, tendo em conta as necessidades e expectativas específicas de cada pessoa.

Métodos de investigação

O objetivo-chave da investigação em sistemas de saúde é a criação de dados científicos que informem as práticas e as políticas de saúde. Ainda que os ensaios clínicos sejam considerados como o modelo ideal da investigação clínica, estes, só por si, são inadequados para responder aos desafios complexos dos sistemas de saúde. Para captar a complexidade e a dinâmica dos sistemas de saúde, a investigação tem de ser necessariamente multidisciplinar, com recurso a uma diversidade de métodos de investigação.

Deste modo, o estudo sobre a inovação combina métodos de investigação qualitativa e quantitativa, beneficiando das vantagens de cada um. Na componente de investigação quantitativa, procurou-se responder à questão específica sobre a relação entre a inovação e o desempenho hospitalar, num período de tempo específico. Mais do que responder às questões iniciais, os resultados estatísticos conduziram sobretudo a novas questões sobre a natureza da inovação em saúde. Por sua vez, a investigação qualitativa permitiu ajudar a compreender a complexidade dos sistemas de saúde, nomeadamente os principais facilitadores e barreiras na implementação de inovações. A realização de entrevistas semiestruturadas a partir dos resultados quantitativos contribuiu para analisar, em profundidade, a complexidade das relações em questão. Por último, o painel de peritos permitiu uma discussão mais alargada, assim como a definição de prioridades em termos de medidas de promoção da inovação.

Na área da inovação em saúde, as abordagens tradicionais são demasiado reducionistas e contribuem apenas para aumentar o fosso atual entre o conhecimento e a ação. Torna-se necessário assegurar uma mudança de paradigma na translação dos dados científicos que adote uma perspetiva sistémica, através de uma série de medidas que permitam incluir a complexidade em investigação, considerar o contexto local, aplicar métodos de investigação-ação com participação da comunidade, analisar redes organizacionais e as formas de colaboração com impacto na saúde, assim como apoiar os líderes que reforçam a ligação entre a investigação e a prática.

A incorporação do pensamento sistémico poderá resultar numa mudança do modelo atual da investigação desligada da prática, desenvolvida em laboratórios isolados de investigação e desenvolvimento, para o modelo da investigação aplicada, que acontece nas diferentes partes do sistema de saúde (Best e Holmes, 2010). Esta integração da investigação e da prática permite aplicar uma variedade de instrumentos para recolher e sintetizar os dados do sistema de saúde, reduzindo as falhas na tradução desse conhecimento na prática diária e na mobilização da comunidade em torno de medidas mais efetivas, como, por exemplo, a promoção da saúde.

Como principais áreas de investigação futura, o estudo aponta para a necessidade de compreender as principais barreiras e os principais desafios sistémicos na criação e disseminação de inovação no sector da saúde. É também indiscutível a importância de desenvolver novos métodos de investigação com o objetivo de melhorar a utilidade e a acessibilidade dos dados clínicos e experiências dos utilizadores de serviços. Por último, a medição e avaliação de resultados em saúde e dos custos associados deve ser um tema central da investigação em sistemas de saúde. A melhoria de resultados em saúde com o controlo de custos reflete o valor da inovação que se pretende promover para a transformação do sistema de saúde do futuro. Há ainda a necessidade de explorar melhor a definição de valor em saúde, alinhando as diferentes perspetivas deste valor entre os diferentes atores envolvidos no processo de inovação. Estas linhas de investigação permitirão indicar novos modelos de financiamento, políticas de contratação e esquemas de incentivo orientados para a promoção de cuidados de saúde de valor elevado.

Implicações práticas e políticas

A inovação em sistemas de saúde é necessária para responder aos desafios atuais e alcançar melhores resultados em saúde. Trata-se de inovações que requerem novas formas de pensar a saúde. Neste livro, são apontadas estratégias específicas para transformar a prática, a educação e a investigação, assim como as políticas de saúde orientadas para a criação de valor. Apesar de a lista não ser exaustiva, pretende-se que seja um contributo para o debate sobre a sustentabilidade do sistema de saúde.

A partir dos resultados deste estudo, a principal implicação prática corresponde à integração dos vários serviços de saúde numa cadeia de valor orientada para o utilizador final. Neste contexto, importa assegurar a infraestrutura e os incentivos necessários a um ambiente criativo e inovador. As universidades têm um papel importante na dinamização destas redes para a criação e a disseminação de inovação.

Por outro lado, destaca-se a importância de alianças estratégicas entre os atores relevantes para a saúde da população que promova a inovação local, tirando partido do seu valor público. Esta é uma característica da inovação que, ao aproximar a saúde dos outros sectores da sociedade, permite assegurar ganhos mútuos (situações *win-win*). Apenas deste modo será possível captar o verdadeiro valor da inovação, através da sua monitorização ao longo da cadeia de valor.

A transformação do sistema de saúde acontece a partir da liderança dos profissionais de saúde em interação com as pessoas e os utilizadores dos serviços. Contudo, todos os atores deste sistema têm um papel na criação de valor em saúde. Os profissionais, os gestores, os decisores políticos e sobretudo os utilizadores e os cidadãos podem estimular a transformação do sistema de saúde para assegurar a sua sustentabilidade através da inovação.

Decisores políticos

A transformação do sistema de saúde requer a promoção de condições que descongelem o potencial de inovação local, nomeadamente ao nível do seu enquadramento estratégico, na integração das várias linhas de financiamento e no controlo da informação. O controlo de informação significa sobretudo desenhar uma arquitectura de interoperabilidade dos diferentes sistemas, de partilha de informação e de transparência que assegure a recolha de dados, assim como a avaliação do desempenho de serviços e do valor da inovação em saúde. Desta forma, assegura-se a circulação da informação necessária para a tomada de decisão aos vários níveis: dispositivo de análise e direção estratégica; organização de serviços de saúde; decisão clínica; assim como as opções disponíveis para o cidadão e utilizador de serviços. No entanto, importa também clarificar e melhorar a regulação em termos da recolha e utilização de dados clínicos com o objetivo de manter a privacidade individual e de promover a sua utilização na criação de novos conhecimentos científicos. Outro papel importante dos decisores políticos passa por estimular a cooperação interorganizacional através de redes de inovação. É na interação entre os diferentes atores que o potencial de inovação se transforma em novas formas de pensar e trabalhar com melhores resultados. Por último, é essencial promover mecanismos de incentivo à aprendizagem e melhoria contínua através de políticas de contratação e modelos de pagamento orientados para o valor em saúde.

Universidades

Há uma interligação fundamental entre as universidades e o sistema de saúde. A interação entre estes dois sistemas, saúde e educação, assenta na finalidade comum de melhorar os resultados em saúde centrados na pessoa. Deste modo, para melhorar o desempenho do sistema de saúde, é necessário assegurar o difícil equilíbrio entre as necessidades de saúde da população, a oferta de profissionais de saúde pelo sistema de educação e a procura de profissionais qualificados.

O papel das universidades passa por apoiar os inovadores e os empreendedores na criação de novas oportunidades para a transformação deste sistema. Esta aprendizagem transformadora centra-se no desenvolvimento de competências nucleares de análise e síntese de informação para a tomada de decisão, assim como de criatividade na utilização dos recursos globais disponíveis nas respostas às prioridades locais.

Por outro lado, é essencial promover a interdependência da educação ao focar-se no impacto da interação dos vários componentes do sistema de saúde. Esta interdependência passa pelo reforço da interação entre o sistema de saúde e de educação, pela integração de organizações isoladas em redes de cooperação pela alteração de uma perspetiva centrada na organização em si mesma para uma abordagem aberta a novos conteúdos, recursos e inovações educacionais ao nível global.

A exploração das TIC traz novas oportunidades na mobilização de conhecimento científico para um debate mais amplo sobre a transformação da sociedade. Mais do que nunca, o papel das universidades passa por ensinar e apoiar as pessoas a utilizarem e gerirem a informação e o conhecimento na procura de soluções na prática diária.

Indústria tecnológica

A indústria tecnológica tem um papel central na criação de valor em saúde através da inovação. No entanto, a maioria das organizações do sector tem-se focado mais no volume de tecnologias adotadas do que no valor que estas acrescentam.

As empresas tecnológicas têm focado os seus esforços sobretudo em pressionar os hospitais e serviços de saúde para a adoção de novas tecnologias, sem necessariamente acrescentar valor. Por exemplo, as empresas de tecnologias de informação que fornecem programas informáticos isolados para funções específicas promovem apenas silos de informação e reforçam a fragmentação de cuidados, em vez de criarem valor real.

As novas tecnologias devem resultar em melhores resultados ou em menor custo para resultados equivalentes. Daqui decorre a necessidade de compreender e avaliar o que acontece antes, durante e depois da utilização das novas tecnologias ao longo do ciclo de cuidados de saúde. Esta estratégia permite uma utilização mais efetiva das novas tecnologias, assim como abre novas possibilidades para a sua diferenciação.

As empresas tecnológicas que monitorizam a utilização e o valor dos seus produtos a longo prazo têm capacidade de melhorar a eficiência comparativa das suas tecnologias. A partir do reforço da cooperação com os hospitais e outros atores do sistema de saúde, estas empresas encontram-se em excelente posição para contribuirem para a melhoria dos resultados. As empresas do sector tecnológico orientadas para a criação de valor serão recompensadas em termos de conhecimentos mais abrangentes e de maior capacidade de desenvolver produtos mais diferenciados.

O *Health Cluster Portugal*, associação do Pólo de Competitividade da Saúde, assume um papel central na aproximação da indústria tecnológica, universidades e serviços de saúde na criação de oportunidades de inovação. Com 150 instituições envolvidas na cadeia de valor da saúde, pretende aumentar a competitividade de Portugal na investigação, no desenvolvimento e na comercialização de inovação em nichos de mercado e de tecnologias ao nível global.

Profissionais de saúde

Os serviços de saúde devem assentar a sua estratégia nos objetivos certos, isto é, acrescentar valor para o utilizador e o cidadão em geral. Isto é possível através de estruturas em rede entre serviços de saúde e outros atores relevantes para a saúde da população. Estas redes, lideradas por profissionais de saúde, facilitam três mecanismos importantes para o desenvolvimento de inovação: a gestão de informação e conhecimento; a integração das várias linhas de serviços em torno da pessoa; assim como a criação de estratégias locais para cada uma das áreas de serviços integrados, com particular destaque para a promoção da saúde e prevenção da doença.

É de destacar a importância do reforço das parcerias entre os diferentes serviços de saúde e a comunidade, orientadas para a gestão da saúde da população. Em conjunto, os hospitais, centros de saúde e organizações de outros sectores da sociedade portuguesa devem desenvolver as suas próprias estratégias de cooperação que visem o desenho e a implementação de serviços orientados para melhorar a saúde e o bem-estar da população.

Este sistema de inovação reflete necessariamente uma liderança que aposta na promoção de uma cultura de trabalho em equipa, flexibilidade organizacional e cooperação externa. É neste contexto que as operações e os processos são melhorados através dos vários circuitos de retorno entre os profissionais e outros parceiros do sistema de saúde.

Utilizadores dos serviços de saúde

No sistema de saúde, os profissionais de saúde e os utilizadores dos serviços são ambos coprodutores de saúde. Para serem inovadoras e mais efetivas, as soluções deverão ser desenhadas e desenvolvidas com os utilizadores. Tal reflete uma nova perspetiva, na qual as pessoas assumem um papel mais ativo na gestão da própria saúde, através de escolhas de comportamentos saudáveis, participação ativa na prevenção e gestão da doença e desenho de novos produtos e serviços.

Os utilizadores informados tendem a apresentar melhores resultados em saúde, maior adesão aos tratamentos médicos, assim como uma utilização mais racional de medicamentos e dos serviços de saúde. As novas formas de comunicação e o desenvolvimento de sistemas de informação geridos pela pessoa são aspetos centrais na promoção da literacia em saúde e no desenvolvimento do sistema.

Os utilizadores dos serviços de saúde devem ter a oportunidade de ser envolvidos em todos os níveis dos cuidados de saúde, o que inclui decisões individuais em termos de opções de tratamento, melhoria dos serviços de saúde e intervenções comunitárias para a promoção da saúde.

Cidadão e sociedade

Por melhor desempenho que apresente, um sistema de saúde não será sustentável a menos que se atue igualmente ao nível da procura crescente de cuidados de saúde. De contrário, o envelhecimento da população, o aumento do peso das doenças crónicas e as expectativas crescentes da população contribuirão significativamente para o aumento da procura de cuidados. Deste modo, reduzir o peso da doença crónica através da promoção de estilos de vida saudáveis é a única maneira de aliviar a pressão crescente sobre os sistemas de saúde.

Assegurar saúde, de forma sustentável, requer influenciar comportamentos saudáveis dos cidadãos numa sociedade marcada por crescentes campanhas de *marketing* de produtos e serviços com impacto significativo na saúde pública. Estas mudanças comportamentais exigem a intervenção conjunta de uma diversidade de atores no sentido de apoiar as pessoas a viverem mais saudáveis. Os sistemas de saúde sustentáveis podem depender da promoção da saúde em casa e na comunidade. O planeamento urbano, a proteção da qualidade do meio ambiente, assim como a promoção da educação e do desenvolvimento profissional devem evoluir, de forma integrada, para o seu reforço mútuo rumo a uma sociedade mais saudável. Torna-se essencial construir cidades e comunidades saudáveis para criar o futuro da saúde.

As implicações apresentadas neste capítulo são fruto da análise e discussão dos resultados do estudo, inclusive a análise de estudos de caso sobre os hospitais mais inovadores em Portugal. São estes hospitais que estão já a redefinir o futuro do sistema de saúde. Contudo, até os hospitais mais inovadores podem avançar mais rapidamente na melhoria do seu desempenho, assim como influenciar o desempenho de todo o sistema de saúde. Combinar estratégias conjuntas com estruturas organizacionais mais flexíveis, processos de cuidados mais integrados, apoiados por sistemas de informação e mecanismos de incentivos para criar valor, terá um efeito crescente na sustentabilidade e na melhoria de desempenho do sistema de saúde. Medir os resultados em saúde e os custos a ela associados e promover uma discussão sobre os investimentos em saúde, alargada a toda a sociedade, constituem um importante catalisador da transformação deste sistema.

Neste contexto, é essencial apoiar o desenvolvimento de investigação em sistemas de saúde centrados na pessoa. Além do mais, interessa ainda promover a capacidade dos vários atores do sistema de saúde no sentido de utilizarem cada vez mais os resultados da investigação nas suas decisões do dia a dia.

O Prémio António Arnaut, instituído pelas Edições Almedina, é uma importante iniciativa para apoiar a investigação em sistemas de saúde, assim como para assegurar a disseminação dos seus resultados a uma vasta audiência. De facto, o valor dos resultados da investigação aumenta à medida que estes são divulgados e utilizados na prática. Deste modo, é particularmente relevante que os resultados de investigação em sistemas de saúde sejam disseminados não apenas entre os seus utilizadores habituais, como os decisores políticos e gestores de unidades de saúde, mas cheguem ainda aos profissionais de saúde, aos utilizadores dos serviços e aos cidadãos em geral. O potencial desta iniciativa permite criar um espaço de diálogo construtivo mais amplo sobre o sistema de saúde, enquanto pilar central do Estado social e da democracia em Portugal. Por outro lado, torna-se necessário ainda apoiar plataformas de investigação-ação suficientemente amplas e dinâmicas que assegurem a transformação e a sustentabilidade do sistema de saúde. Estas redes têm a capacidade de reunir diversas disciplinas científicas, diferentes sectores da economia e vários países em redes globais. As plataformas permitem ainda reforçar a cooperação entre os decisores políticos, os profissionais de saúde, os investigadores, os utilizadores de serviços e os cidadãos na criação de inovação em saúde.

A Plataforma Gulbenkian para um Sistema de Saúde Sustentável, lançada pela Fundação Calouste Gulbenkian, é um excelente exemplo de redes de promoção de inovação. A plataforma constitui um espaço de diálogo entre especialistas internacionais e nacionais para analisar e discutir soluções inovadoras e fazíveis no contexto português atual. Trata-se de uma plataforma que pretende alargar a discussão através do envolvimento dos decisores políticos e de toda a sociedade. Esta plataforma está integrada num programa mais amplo orientado para a inovação em saúde. O programa Inovar em Saúde tem o objetivo central de apoiar a inovação de processos e modelos organizacionais de promoção da saúde como um bem público e global.

Neste livro, é descrito um sistema de saúde capaz de libertar o seu potencial de inovação e de criar valor em saúde para as pessoas. Melhor qualidade nos cuidados de saúde significa menores custos, devido a diagnósticos mais precisos, tratamentos menos invasivos, menor risco de complicações e recuperações mais rápidas. Na cadeia de valor em saúde, a prevenção de doença representa menores custos e melhores resultados em saúde do que o seu tratamento. Da mesma forma, a gestão da doença é mais custo-efetiva do que as reações esporádicas a complicações da doença. Numa perspetiva fundamental, uma melhor saúde é menos dispendiosa do que uma má saúde.

O foco no valor em saúde estimula melhorias em termos de qualidade e eficiência do sistema de saúde. Contudo, libertar o poder da inovação existente requer a transformação deste sistema. Na procura de novas estratégias e estruturas focadas no valor em saúde, todos os atores-chave do sistema deverão envolver-se na sua redefinição. À medida que os atores individuais modificam as suas estratégias e processos, os seus benefícios reforçam-se mutuamente. Os avanços conseguidos por um dos atores deverão encorajar progressos ao nível dos outros parceiros.

Como será o sistema de saúde quando todos os atores se focarem no valor em saúde? Os serviços serão organizados em torno da pessoa e coordenados ao longo do ciclo de cuidados. A redefinição do sistema de saúde deverá centrar-se nos cuidados de saúde primários, mais capazes de responder às necessidades da comunidade local e mais próximos das pessoas. Os centros de saúde dispõem de mais informação e opções para os seus utilizadores, assim como de programas integrados de prevenção e gestão da doença. Assim, estes centros tornam-se tanto o início como o fim do ciclo de cuidados de saúde. O financiamento deverá cobrir o ciclo de cuidados enquanto cadeia de valor em saúde, em vez do tradicional financiamento por capitação e volume de serviços. Neste contexto, as pessoas experienciarão um sistema de saúde que será muito mais simples e efetivo do que hoje.

O futuro do sistema de saúde passa por revisitar a finalidade fundamental com que foi criado e imaginar novas formas, mais efetivas, para acrescentar valor em saúde. Este livro aponta para uma nova visão do sistema de saúde, na qual tudo é realinhado em torno da finalidade de valor da saúde para a pessoa e a sociedade. É possível imaginar um futuro em que os decisores políticos, os profissionais de saúde, os gestores e as empresas tecnológicas mais inovadoras concentram os seus esforços na criação de valor em saúde. A mudança no foco do sistema de saúde para o seu valor permitirá libertar o enorme potencial de inovação que existe na sociedade portuguesa. Esta sociedade mais inovadora será necessariamente mais saudável, mais resiliente a futuras crises económicas e financeiras e mais capaz de assegurar a sustentabilidade do seu sistema de saúde.

REFERÊNCIAS

Arora, V. E. Manjarrez, D. Dressler, P. Basaviah, L. Halasyamani, S. Kripalani, "Hospitalist handoffs: a systematic review and task force recommendations", *Journal of Hospital Medicine*, 2009, 4(7), pp. 433–440.

Bauer, T. e S. Bender, "Technological change, organisational change and job turnover", *Labour Economics*, 2003, 11(3), pp. 265–291.

Benington, J., "From private choice to public value", *Public Manage Policy Assoc Rev*, 2005, 5, pp. 6–10.

Berwick, D., "Disseminating innovations in health care", *Journal of American Medical Association*, 2003, 289, pp. 1969–1975

Best, A. e B. Holmes, "Systems thinking, knowledge and action: towards better models and methods", *Evidence & Policy: A Journal of Research, Debate and Practice*, 2010, 6(2), pp. 145–159.

Best, A., T. Greenhalgh, S. Lewis, J. E. Saul, S. Carroll e J. Bitz, "Large-System Transformation in Health Care: A realist review", *Milbank Quarterly*, 2012, 90(3), pp. 421–456.

Borghans, L., B. Weel e B. Weinberg, "Interpersonal styles and labour market outcomes", *Journal of Human Resources*, 2008, 43(4), pp. 815–858.

Burns, T. e G. M. Stalker, *The Management of Innovation*, Londres: Tavistock, 1961.

Chesbrough, H., W. Vanhaverbeke e J. West (eds.), *Open Innovation: Researching a new paradigm*, Oxford: Oxford University Press, 2006.

Chesbrough, H., "The era of open innovation", *Sloan Management Review*, 2003, 44 (3), pp. 35–41.

Clark, V. L. P., "The adoption and practice of mixed methods: US trends in federally funded health-related research", *Qualitative Inquiry*, 2010.

Comissão para a Contratualização em Saúde, *Dados de Desempenho Hospitalar*, Lisboa: Ministério da Saúde de Portugal, 2007.

Comunidade de Países de Língua Portuguesa, *Plano de Acção de Maputo para o PECS/CPLP Plano Estratégico de Cooperação em Saúde*, Maputo: CPLP, 2014.

Coombs, R., P. Saviotti e W. Walsh, *Economics and Technological Change*, Londres: MacMillan Press, 1987.

Crisp, N., *Um Futuro para a Saúde: Todos temos um papel a desempenhar*. Lisboa: Fundação Calouste Gulbenkian, 2014.

Cutler, D. e S. Kadiyala, *The Economics of Better Health: The case of cardiovascular disease*. Cambridge: Harvard University, 1999.

Cutler D., A. Rosen e S. Vijan, "The value of medical spending in the United States, 1960-2000", *New England Journal of Medicine*, 2006, 355(9), pp. 920-927.

Cutler, D. M. et al., "The value of antihypertensive drugs: a perspective on medical innovation", *Health Affairs*, 2007, 26(1), pp. 97-110.

Damanpour, F., "Organisational innovations: a meta-analysis of effects of determinants and moderators", *Academy of Management Journal*, 1991, 134(2), pp. 555-90.

Damanpour, F. e W. M. Euan, "Organisational innovation and performance: the problem of organisational lag", *Administrative Sciences Quarterly*, 1984, 29, pp. 392-409.

Dean, B., "Learning from prescribing errors", *Quality and Safety in Health Care*, 2002, 11(3), pp. 258-260.

Denis, J. L., Y. Hebert, A. Langley, D. Lozeau e L. Trottier, "Explaining diffusion patterns for complex health care innovations", *Health Care Management Review*, 2002, 27, pp. 60-73.

Dias, C., "The future of public health services in Europe: strategic intersection with healthcare services", *International Journal of Healthcare Management*, 2012, 5(2), pp. 69-73.

Dias, C. e A. Escoval, "The open nature of innovation in the hospital sector: the role of external collaboration networks", *Health Policy and Technology*, 2012, 1(4), pp. 181-186.

Dosi, G., P. Llerena e M. Labini, "The relationships between science, technologies and their industrial exploitation: an illustration through the myths and realities of the so-called 'European Paradox'", *Research Policy*, 2006, 35(10), pp. 1450-1464.

Dovev, L., J. Kang e L. Rosenkopf, "Balance within and across domains: the performance implications of exploration and exploitation in alliances", *Organization Science*, 2011, 22, pp. 1517-1538.

Edmondson, A. C., "Learning from failure in health care: frequent opportunities, pervasive barriers", *Quality and Safety in Health Care*, 2004, 13(2), pp. 3-9.

Etheredge, L. A., "A Rapid-Health System", *Health Affairs*, 2007, 26 (2), pp. 107-118.

European Commission, *New Skills for New Jobs: Anticipating and matching labour market and skills needs*, Luxemburgo: Office for Official Publications of the European Communities; 2010.

European Commission, *Social Investment Package: Social investment through the European Social Fund*, COM(2013) 83 final, Bruxelas, 2013.

FLEUREN, M., K. Wiefferink e T. Paulussen, "Determinants of innovation within health care organizations", *International Journal for Quality in Health Care*, 2004, 16: 107–123.

FOSFURI, A. e J. Tribø, "Exploring the antecedents of potential absorptive capacity and its impact on innovative performance", *Omega*, 2008, 36, pp. 173–187.

FREEMAN, T., "Using performance indicators to improve health care quality in the public sector: a review of the literature", *Health Serv Manage Res*, 2002, 15, pp. 126 –137.

FRENK, J., L. Chen, Z. Bhutta, J. Cohen, N. Crisp, T. Evans, H. Fineberg, P. Garcia, Y. Ke, P. Kelley, B. Kistnasamy, A. Meleis, D. Naylor, A. Pablos-Mendez, S. Reddy, S. Scrimshaw, J. Sepulveda, D. Serwadda, H. Zurayk, "Health professionals for a new century: transforming education to strengthen health systems in an interdependent world", *The Lancet*, 2010, 376 (9756), pp. 1923–1958.

GABRIEL, S. E. e S. Normand, "Getting the methods right: the foundation of patient-centered outcomes research", *New England Journal of Medicine*, 2012, 367(9), pp. 787–790.

GADELHA, C., "Desenvolvimento, complexo industrial da saúde e política industrial", *Revista de Saúde Pública*, 2006, 40.spe, pp.11–23.

GARCIA-GONI, M, A. Maroto e L. Rubalcaba, "Innovation and motivation in public health professionals", *Health Policy*, 2007, 84 (2-3), pp. 344–358.

GEROSKI, Paul A., "Models of technology diffusion", *Research Policy*, 2000, 29.4, pp. 603–625.

GILSON, L. (ed.), *Health Policy and Systems Research: A Methodology Reader*, Genebra: World Health Organization, 2011.

GJERDING, A. N., "Technical Innovation and Organisational Change", *The Innovation Design Dilemma Revisited*, Aalborg, Dinamarca: Aalborg University Press, 1996.

GREENE, S. M., R. J. Reid e E. B. Larson, "Implementing the learning health system: from concept to action", *Ann Intern Med*, 2012, 157(3), pp. 207–10.

GREENHALGH, T., G. Robert, F. McFarlane, P. Bate e O. Kyriakidou, "Diffusion of innovations in service organizations: systematic review and recommendations", *Milbank Quarterly*, 2004, 82, pp. 581–629.

GRODAL, S. e G. Thoma, "Cross-pollination in science and technology: concept mobility in nanobiotechnology", *Annales d'Economie et Statistique*, 2009.

HALL, R. e C. Jones, *The Value of Life and the Rise in Health Spending*, National Bureau of Economic Research, 2004.

HAMEL, G. e C. K. Prahalad, *Competing for the Future*. Boston, MA: Harvard Business School Publishing, 1994.

HARTLEY, J., *Innovation and Improvement in Governance and Public Services: A Review for Policymakers, Policy Advisers, Managers and Researchers*, Londres: Department of Communities and Local Government, 2006.

HAY, J., "Where's the Value in Health Care?", *Value in Health*, 2006; 9(3), pp. 141-143.

HICKS, D. M. e J. M. Katz, "Hospitals: the hidden research system", *Science and Public Policy*, 1995; 23 (5), pp. 297-304.

HICKSON, G. *et al.*, "Patient complaints and malpractice risk", *Journal of the American Medical Association*, 2002, 287(22), pp. 2951-2957.

HOWITT, P. *et al.*, "Technologies for global health", *The Lancet*, 2012; 380(9840), pp. 507-535.

HUTUBESSY R. C. W., R. M. P. M. Baltussen, T. Torres-Edejer T e D. B. Evans, "Generalised cost-effectiveness analysis: an aid to decision making in health", *Applied Health Economics and Health Policy*, 2002, 1, pp. 89-95.

IBM CORPORATION, *IBM Economists Survey*, Nova Iorque: Somers, 2010.

INSTITUTE OF GLOBAL HEALTH INNOVATION, *From innovation to transformation: a framework for diffusion of healthcare innovation*, Londres: Imperial College London, 2012.

INSTITUTE OF MEDICINE, *Learning health care system*, Washington DC, EUA: IOM, 2011.

INSTITUTE OF MEDICINE, *Best Care at Lower Cost: The Path to Continuously Learning Health Care in America*, Washington DC, EUA: IOM, 2012.

JAMES, W. e A. Kaissi, "Uncertainty in Health Care Environments: Myth or Reality?". Begun, *Health Care Management Review*, 2004; 29(1), pp. 31-39.

JASKYTE, K., "Predictors of administrative and technological innovations in non-profit organizations", *Public Administration Review*, 2011, 71(1), 77-86.

JCAHO, *Health Care at the Crossroads: Strategies for improving the medical liability system and preventing patient injury*, Joint Commission on Accreditation of Healthcare Organizations, 2005.

KANTER, R. M., *The Change Masters*, Nova Iorque, EUA: Simon & Schuster, 1983.

KELLY, G., S. Muers e G. Mulgan, *Creating Public Value: An analytical framework for public service reform*, Londres: Cabinet Office, 2002.

KIMBERLY, J. R. e M. Evanisko, "Organisational innovation: the influence of individual organisational and contextual factors on hospital adoption of technological and administrative innovations", *Academy of Management Journal*, 1981, 24(4), pp. 689-713.

LAURSEN, K. e A. Salter, "Searching high and low: what types of firms use universities as a source of innovation?", *Research Policy*, 2004, 33(8), pp. 1201-1215.

LAVIE, D., J. Kang e L. Rosenkopf, "Balance within and across domains: the performance implications of exploration and exploitation in alliance", *Organization Science*, 2011, 22(6), pp. 1517-1538.

LEIPONEN, A. "Skills and innovation", *International Journal of Industrial Organization*, 2005, 23, pp. 303-323.

LEONARD-BARTON, D., "Implementation as mutual adaptation of

technology and organization", *Res Policy*, 1988, 17, pp. 251–267.

LEVY, F. e R. J. Murnane, *The New Division of Labor: How computers are creating the next job market*, Princeton, N.J.: Princeton University Press, 2004.

LLOYD-ELLIS, H. e J. Roberts, "Twin engines of growth: skills and technology as equal partners in balanced growth", *Journal of Economic Growth*, 2002, 7(2), pp. 87–115.

LUCE, B., J. Mauskopf, F. Sloan, J. Ostermann e L. Paramore, "The return on investment in health care: from 1980 to 2000", *Value in Health*, 2006, 9(3), pp. 146–156.

LUND, R. e A. Gjerding, *The Flexible Company: Innovation, work organization and human resource management*, Copenhaga: Danish Research Unit for Industrial Dynamics, 1996.

LUNDVALL, B., *National Systems of Innovation: Towards a theory of innovation and interactive learning*, Londres: Pinter Publishers, 1992.

LUNDVALL, B., "National innovation systems: analytical concept and development tool", *Industry & Innovation*, 2007, 14(1), pp. 95–119.

LUNDVALL, B. e B. Johnson, "The learning economy", *Journal of Industry Studies*, 1994, 1(2), pp. 23–42.

MALHOTRA, Y. (ed.), *Knowledge Management and Business Model Innovation*, IGI Global, 2001.

MCGLYNN, E., "An evidence-based national quality measurement and reporting system", *Medical Care*. 2003, 41 (1), pp. 1–8.

MILLS, A., "Health policy and systems research: defining the terrain; identifying the methods", *Health Policy and Planning*, 2012, 27(1), pp. 1–7.

MINISTÉRIO DA SAÚDE DO BRASIL, *Ciência, Tecnologia e Inovação*, Brasília: Ministério da Saúde, 2008.

MOHNEN, P. e L. Roller, "Complementarities in innovation policy", *European Economic Review*, 2005, 49(6), pp. 1431–1450.

MORGAN, D. e R. Astolfi, *Health Spending Growth at Zero: Which Countries, Which Sectors Are Most Affected?*, Paris: OECD Publishing, 2013.

MULGAN, G. e D. Albury, *Innovations in the Public Sector*, Londres: Cabinet Office, 2003.

MURPHY, K. e R. Topel, "The value of health and longevity", *Journal of Political Economy*, 2006, 114(9), pp. 871–904.

MURPHY, K. e R. Topel, *The value of health and longevity*, NBER Working Papers 11405, National Bureau of Economic Research, 2005.

MURRAY, C. e J. Frenk, "A framework for assessing the performance of health systems", *Bulletin of the World Health Organization*, 2000, 78(6), pp. 717–731.

National Coordenação para a contratualização hospitalar. Indicadores de desempenho hospitalar. Lisboa, Portugal: Ministério da Saúde, 2007.

NELSON, R., *National Innovation Systems: A comparative analysis.* Nova Iorque: Oxford University Press, 1993.

NEMBHARD, I. M. e A. L. Tucker, "Deliberate learning to improve performance in dynamic service settings: evidence from hospital Intensive care units", *Organization Science*, 2011, 22, pp. 907–922.

NONAKA, I. e H. Takeuchi, *The Knowledge Creating Company*, Oxford: University Press, 1995.

NORDHAUS, W., *The Health of Nations: The contribution of improved health to living standards*, National Bureau of Economic Research, 2002.

OECD, EUROSTAT, *The Measurement of Scienific and Technological Activities: Oslo manual guidelines for collecting and interpreting innovation data*, Paris: OECD Publishing, 2005.

OECD, *Better Skills, Better Jobs, Better Lives: A strategic approach to skills policies*, Paris: OECD Publishing, 2012.

OECD, *Skills Outlook 2013: First results from the survey of adult skills*, Paris: OECD Publishing, 2013.

PASMORE, W., *Creating Strategic Change: Designing the flexible, high-performing organization*. Nova Iorque: Wiley, 1994.

PEREIRA, N. S. e A. Almeida, *O Setor da Saúde: Da racionalização à excelência*. Porto: Porto Business School, 2013.

PESTANA, M. e J. Gageiro J., *Análise de Dados para Ciências Sociais: A complementaridade do SPSS*, Lisboa: Edições Sílabo, 2003.

PETTIGREW, A. e E. Fenton, *The Innovating Organization*. Londres: Sage Publications, 2000.

PHAM, Hoangmai H. et al., "Care patterns in Medicare and their implications for pay for performance", *New England Journal of Medicine*, 2007, 356 (11), pp. 1130–1139.

PLSEK, P. e T. Greenhalgh, "Complexity science: the challenge of complexity in health care", *BMJ*, 2001, 323, 625–8.

PORTER, M. E. e E. O. Teisberg. *Redefining Health Care: Creating value-based competition on results*, Boston: Harvard Business School Press, 2006.

POWELL, W., e S. Grodal, *Networks of Innovators: The oxford handbook of innovation*, Oxford: University Press, 2005.

ROBERT WOOD JOHNSON FOUNDATION, *What Are the Biggest Drivers of Cost in U.S. Health Care?*, Princeton: RWJF, 2011.

ROGERS, E., *Diffusion of Innovations*, Nova Iorque: Free Press, 1995.

ROTARIUS, T. e A. Liberman, "Stakeholder management in a hyperturbulent health care environment", *Health Care Manager*, 2000, 19(2), pp. 1–7.

ROUSE, W. B., "Health care as a complex adaptive system: Implications for design and management", *The Bridge*, 2008, 38(1), pp. 17–25.

RYDIN, Y., A. Bleahu, M. Davies, J. Dávila, S. Friel, G. De Grandis e J. Wilson, "Shaping cities for health: complexity and the planning of urban environments in the 21st century", *The Lancet*, 2012, 379(9831), pp. 2079–2108.

SACHS, J. D., "Macroeconomics and health: investing in health for economic development", *Revista Panamericana de Salud Pública*, 2002, 12(2), pp. 143–144.

SALGE, T. O. e A. Vera, "Benefiting from public sector innovation: the moderating role of customer and learning orientation", *Public Administration Review*, 2012, 72(4), pp. 550–559.

SALGE, T. O. e A. Vera, "Hospital innovativeness and organizational performance: evidence from English public acute care", *Health Care Manage Rev*, 2009, 34(1), pp. 54 –67.

SAVIGNY, D., e A. Taghreed (eds.), *Systems Thinking for Health Systems Strengthening*. Genebra: World Health Organization, 2009.

SCHUMPETER, J. A., "The creative response in Economic History", *Journal of Economic History*, 1947, 7(2), pp. 149-159.

SCOTT, W. R., "Innovation in medical care organizations: a systematic review", *Medical Care Review*, 1990, 47(2), pp. 165–192.

SENGE, P., *The Fifth Discipline*, Nova Iorque, USA: Doubleday, 1990.

SHEAFF, R. et al., *Organisational Factors and Performance: A review of the literature – Report for NHS Service Delivery and Organisation Research & Development – Programme of Research on Organisational Form and Function*. Londres: National Coordinating Centre for Service Delivery and Organisation, 2003.

SHIELL, A., P. Hawe e L. Gold, "Complex interventions or complex systems? Implications for health economic evaluation", *BMJ*, 2008, 336 (7656), pp. 1281–1283.

SIMÕES, J., *Retrato Político da Saúde – Dependência do Percurso e Inovação em Saúde: Da Ideologia ao Desempenho*. Almedina, 2009.

STEVENTON, A. *et al.*, "Effect of telehealth on use of secondary care and mortality: findings from the Whole System Demonstrator cluster randomised trial", *BMJ*, 2012, 344.

TETHER, B., "Do services innovate (differently)? Insights from the European Innobarometer Survey", *Industry & Innovation*, 2005, 12(2), pp. 153–184.

TEECE, D .J., G. Pisano e A. Shuen, "Dynamic capabilities and strategic management", *Strategic Management Journal*, 1997, 18 (7), pp. 509–533.

THE ECONOMIST, "Knowledge and the company: a survey of the company", 21 de janeiro de 2006.

TIDD, J., J. Bessant e K. Pavitt, *Managing Innovation: Integrating Technological, Market and Organisational Change*, Chichester: John Wiley & Sons, 2005.

TURNER, S. *et al.*, "Innovation and the English national health service: a qualitative study of the independent sector treatment centre programme", *Social Science & Medicine*, 2011, 73(4), pp. 522–529.

UNITED NATIONS, *United Nations General Assembly 19 May 2011 Report by Secretary-General on the prevention and control of non-communicable diseases (A/66/83)*, Nova Iorque: United Nations, 2011.

US DEPARTMENT OF HEALTH AND HUMAN SERVICES, "For a Healthy Nation: Returns on Investment in Public Health", Report no. 390–173, 1995.

VEILLARD, J., F. Champagne, N. Klazinga, V. Kazandjian, O. Arah e A.

Guisset, "A performance assessment framework for hospitals: the WHO regional office for Europe PATH project", *International Journal for Quality in Health Care*, 2005, 17(6), pp. 487–496.

VOLBERDA, H. W., *Building the Flexible Firm*, Nova Iorque, NY: University Press, 1998.

VON HIPPEL, E., *Democratizing Innovation*, Cambridge, MA: MIT Press, 2005.

WASHINGTON, A. E. e S. H. Lipstein, "The Patient-Centered Outcomes Research Institute – promoting better information, decisions, and health", *New England Journal of Medicine*, 2011, 365(15).

WORLD ECONOMIC FORUM, *Sustainable Health Systems: Visions, strategies, critical uncertainties and scenarios*, World Economic Forum, 2013.

WORLD HEALTH ORGANIZATION, *The World Health Report: Improving performance*, Genebra: World Health Organization, Genebra: 2000.

WORLD HEALTH ORGANIZATION, *Macroeconomics of Health: Investing in health for economic development*, Genebra: World Health Organization, 2001.

WORLD HEALTH ORGANIZATION, *Making Choices in Health: WHO guide to cost-effectiveness analysis*, Genebra: WHO, 2003.

WORLD HEALTH ORGANIZATION, *Global Age-friendly Cities: A guide*, Genebra: World Health Organization, 2007.

WORLD HEALTH ORGANIZATION, *Primary Health Care: Now more than never*, Genebra: World Health Organization, 2008.

WORLD HEALTH ORGANIZATION, *Evaluation of the National Health Plan of Portugal 2004-2010*, Copenhaga: WHO Regional Office for Europe, 2010a.

WORLD HEALTH ORGANIZATION, *Portugal Health System Performance Assessment*, Copenhaga: WHO Regional Office for Europe, 2010b.

WORLD HEALTH ORGANIZATION, *Health Technology Assessment of Medical Devices*, Genebra: World Health Organization, 2011.

WORLD HEALTH ORGANIZATION REGIONAL OFFICE FOR EUROPE, *Review of Public Health Services and Capacities in Europe*, Copenhaga: World Health Organization Regional Office for Europe, 2012.

WORLD HEALTH ORGANIZATION, *Health 2020: A European policy framework and strategy for the 21st century*, Copenhaga: WHO Regional Office for Europe, 2013a.

WORLD HEALTH ORGANIZATION, *Health Policy Responses to the Financial Crisis in Europe*, Copenhaga: World Health Organization Regional Office for Europe, 2013b.

WORLD HEALTH ORGANIZATION, *Health Systems for Health and Wealth in the Context of Health 2020*, Copenhaga, World Health Organization Regional Office for Europe, 2014.

ZHANG, W. e J. Creswell, "The use of 'mixing' procedure of mixed methods in health services research", *Medical Care*, 2013, 51(8), pp. 51-57.

ANEXOS

Anexo I: Operacionalização de conceitos

Conceito	Dimensões	Indicadores
Flexibilidade interna	Estrutura de gestão e organização do trabalho	Grupos de trabalho transversais
		Círculos de qualidade
		Rotação entre funções
		Integração de serviços
		Formação profissional contínua
	Qualificação e conteúdo do trabalho	Atividades de formação adequadas à empresa
		Planeamento de formação a longo prazo
	Cultura	Delegação de funções
		Planeamento semanal do trabalho pelos próprios profissionais
		Avaliação do trabalho pelos próprios profissionais
Flexibilidade externa	Cooperação externa	Importância da relação com outras organizações
	Novas tecnologias	Introdução de TIC
		Introdução de outras formas de novas tecnologias
	Inovação	Novos serviços
Inovação organizacional		Novas formas de organização, novas práticas de gestão, nova estrutura

ANEXO II: Questionário de inovação tecnológica e organizacional em organizações hospitalares

Face aos desafios atuais, as organizações de serviços de saúde sentem a necessidade de introduzir novas tecnologias e formas organizacionais que promovam a flexibilidade e a capacidade de inovação da organização, no sentido de melhorar o seu desempenho global.

Neste contexto, e no âmbito do Mestrado em Saúde Pública da Escola Nacional de Saúde Pública, desenvolveu-se o presente questionário com o objectivo de analisar a flexibilidade da organização em termos de desenvolvimento dos recursos humanos, relações de cooperação, inovação tecnológica e inovação organizacional.

Toda a informação recolhida será mantida confidencial (nenhum dado pessoal dos inquiridos será revelado a terceiros), sendo utilizada única e exclusivamente para a elaboração do estudo em questão.

No âmbito deste questionário considera-se:

- A **inovação** como a introdução no mercado de um serviço novo ou significativamente melhorado, ou a introdução de novas formas de organização. A inovação tem que ser nova para o hospital, e não tem que ser necessariamente nova no mercado servido pelo hospital. A inovação pode ter sido desenvolvida tanto pelo hospital como fora dele.
- As **inovações tecnológicas** são as que ocorrem na estrutura operacional, que afectam o sistema técnico das organizações e compreendem novos serviços com significativas alterações nos mesmos.
- As **inovações organizacionais** são as que ocorrem na componente organizacional e consistem entre outros, na introdução de novas práticas de gestão, novos processos administrativos e no desenvolvimento de cooperação com outras instituições.
- Um **serviço tecnologicamente novo** é um serviço cujas características tecnológicas ou o uso a que se destina diferem significativamente das dos serviços anteriormente desenvolvidos. Estas inovações podem envolver tecnologias radicalmente novas, basear-se em novas combinações de tecnologias existentes, ou resultar da aplicação de novos conhecimentos.
- Um **serviço tecnologicamente melhorado** é um serviço já existente, mas cujo desempenho foi significativamente alargado ou desenvolvido. Um serviço pode ser melhorado (em termos de melhor desempenho ou menor custo) através de tecnologias mais avançadas.

I – DADOS DA ORGANIZAÇÃO

1 – Sobre o Hospital

Nome do Hospital: _____ Forma Jurídica: EPE ☐

SPA ☐

Privado ☐

2 – Sobre o Entrevistado:

Função que ocupa no Hospital: _____ Formação base: _____.

Exercício de funções na instituição: _____ anos. Exercício de funções no cargo: _____ anos

II – INOVAÇÃO ORGANIZACIONAL

1 – Qual a importância atribuída à inovação para o desenvolvimento da organização?

Marque com um X	Muito Importante	Bastante Importante	Pouco Importante	Muito Pouco Importante

2 – Durante o período dos últimos três anos, o hospital desenvolveu inovações organizacionais?

Marque com um X	Sim	Não	Não sabe

3 – Em que medida as inovações organizacionais contribuem para os seguintes objectivos do Hospital:

Marque com um X	Elevado	Médio	Pouco	Nada	Não sabe
Efetividade do trabalho diário					
Cooperação e coordenação na organização					
Capacidade de adaptação a meios externos "em mudança"					
Capacidade de desenvolver novos serviços de forma contínua					
Capacidade de fortalecer e renovar conhecimento e "know how", de forma contínua					
Outros objectivos:					

4 – Quem organiza e monitoriza o trabalho dos profissionais sem responsabilidade de gestão formal quando a questão é sobre:

Marque com um ou mais X	O próprio profissional	Gestor intermédio	Gestor de topo
Planeamento diário do trabalho			
Planeamento semanal do trabalho			
Monitorização das tarefas			
Novas áreas de trabalho			

5 – O Hospital utiliza algumas das seguintes formas de organização de trabalho. E se sim, qual a percentagem que cada uma dessas formas representa ao nível da organização?

(ex: x % do total dos salários no hospital são baseados em avaliação de desempenho)

Marque com um X	Não	Sim Abaixo de 25 %	25-50 %	Acima de 50 %	Não sabe
Grupos de trabalho transversais					
Grupos/Ciclos de qualidade					
Sistemas para recolha de propostas dos profissionais					
Rotação de trabalho planeada					
Delegação de funções					
Integração de serviços					
Remuneração com base no desempenho					

6 – O Hospital aumentou a utilização de novas formas de organização do trabalho ou tem planos para o aumento da sua utilização num futuro próximo?

Marque um X em cada uma das duas colunas principais	Aumentamos a utilização nos últimos três anos			Temos planos para aumentar a utilização no futuro		
	Sim	Não	Não Sabe	Sim	Não	Não Sabe
Grupos de trabalho transversais						
Grupos/Ciclos de qualidade						
Sistemas de recolha de propostas dos profissionais						
Rotação de trabalho planeada						
Delegação de funções						
Integração de serviços						
Remuneração com base no desempenho						

7 – No período dos últimos três anos, o desenvolvimento de novas formas de organização do trabalho ocorreu em que sentido?

Marque com um X	Mais	Menos	Sem alteração	Não sabe
Autonomia no trabalho				
Especialização				
Distribuição de tarefas				
Maior contacto com os clientes				
Maior contacto com empresas subcontratadas				
Maior contacto com outras organizações de serviços de saúde				
Maior cooperação entre gestores e profissionais de saúde .				

8 – Qual o impacto nas novas formas de organização do trabalho dos profissionais das seguintes condições?

Marque com um x	Elevada	Alguma	Pequena	Nenhuma	Não sabe
Possibilidade de desenvolvimento de novos produtos ou serviços					
Oportunidade de desenvolvimento de qualificações dos profissionais					
Introdução de novas tecnologias					
Necessidade de maior flexibilidade para o trabalho dos profissionais					
Necessidade de estabelecer melhores contactos com os doentes					
Necessidade de estabelecer melhores contactos com as empresas subcontratadas					
Competição					
Solicitações e exigências dos profissionais					

9 – Para assegurar que os recursos humanos se adequam às necessidades da organização, em que medida a organização utilizou os seguintes instrumentos:

Marque com um X	Grande	Alguma	Pequena	Nenhuma	Não sabe
Formação profissional contínua					
Recrutamento					
Transferência de profissionais entre diferentes serviços					
Flexibilidade nos horários					
Despedimento					
Cooperação com outros hospitais					
Cooperação com empresas subcontratadas					

10 – Para assegurar o desenvolvimento contínuo das capacidades dos profissionais, qual a importância atribuída pela gestão às seguintes condições?

Marque com um X	Muita	Alguma	Pequena	Nenhuma	Não sabe
Resolução de tarefas de trabalho					
Disponibilização de tempo para aprendizagem com outros profissionais					
Rotação de trabalho planeada					
Organização do trabalho por equipas					
Cooperação entre os diferentes serviços					
Formação e cursos "standard"					
Formação profissional adequada às necessidades da organização					
Plano de formação a longo prazo					

III – NOVOS SERVIÇOS E NOVAS TECNOLOGIAS

11. – O Hospital desenvolveu serviços novos ou tecnologicamente melhorados nos últimos três anos?

Marque com um X	Sim	Não

12. – Se sim, quantos serviços novos ou tecnologicamente melhorados foram desenvolvidos:_____

13. – No período dos três últimos anos, a organização introduziu novas tecnologias? E se sim, qual a sua extensão na organização (ex: x % de todos os serviços da organização com novas tecnologias de informação e comunicação)

Marque com um X	Não	Sim, Menos 25%	25-50%	Mais 50%
Tecnologias de Informação e Comunicação				
Outras formas de novas tecnologias				

IV – COOPERAÇÃO

14. – Em que extensão, a organização desenvolveu cooperações com os seguintes atores:

Marque com um X	Elevada	Média	Pequena	Nenhuma	Não sabe
Utilizadores dos serviços de saúde (ex: Associações de Doentes)					
Organizações subcontratadas					
Organizações de consultoria					
Outras organizações de serviços de saúde					
Instituições de investigação					
Instituições de ensino					

V – OBSTÁCULOS À INOVAÇÃO NA ORGANIZAÇÃO

15. – Se pelo menos um projeto de inovação do hospital foi comprometido, classifique em que medida os seguintes factores constituem obstáculos à inovação:

Marque com um X	Muito Importante	Bastante Importante	Pouco Importante	Irrelevante
Percepção de riscos económicos excessivos				
Custos demasiado elevados				
Falta de fontes de financiamento apropriadas				
Estrutura organizacional pouco flexível				
Falta de pessoal qualificado				
Falta de informação sobre novas tecnologias e novas formas organizacionais				
Regulamentação e normas				
Outros:				

MUITO OBRIGADO POR TER DISPONIBILIZADO O SEU TEMPO.

ANEXO III: Dimensões operacionais da flexibilidade organizacional (questionário sobre flexibilidade organizacional e inovação aplicado a hospitais do sector público em Portugal)

Aspecto teórico	Dimensão operacional	Questão
Flexibilidade interna		
Estrutura	Grupos transversais	5.1.
	Círculos de qualidade	5.2.
Processo	Rotação entre funções	5.4.
	Integração de serviços	5.6.
	Treino vocacional continuado	9.1.
	Atividades de formação adequadas à empresa	10.7.
	Planeamento de formação a longo prazo	10.8.
Cultura	Delegação de funções	5.5.
	Planeamento semanal do trabalho pelos próprios profissionais	4.2.
	Avaliação do trabalho pelos próprios profissionais	4.3.
Flexibilidade externa		
Tecnologia	Introdução de TIC	13.1.
	Introdução de outras formas de novas tecnologias	13.2.
Produtos/serviços	Introdução de novos produtos/serviços	12.
Cooperação	Relações de cooperação com outros atores	14.

Anexo IV: Dimensões do desempenho organizacional

Áreas	Indicadores	Peso atribuído
A. QUALIDADE E SERVIÇO	A.1. Taxa de readmissões no internamento nos primeiros 5 dias	15 %
B. PRODUÇÃO E EFICIÊNCIA OPERACIONAL	B.1. Peso da cirurgia do ambulatório no total de cirurgias programadas	20%
	B.2. Demora média (dias)	15 %
C. EFICIÊNCIA ECONÓMICO-FINANCEIRA	C.1. Resultado líquido	30%
	C.2. Peso da remuneração extraordinária no total dos custos com pessoal	20%

Fonte: Comissão para a Contratualização em Saúde, 2006.

Anexo V: Operacionalização de variáveis

Variável	Notação computacional	Valores/ Unidades	Tipo de variável
Grupos de trabalho transversais	Gtrans	0 – 0 % 1 – Abaixo de 25 % 2 – Entre 25 % e 50 % 3 – Acima de 50 %	Ordinal
Círculos de qualidade	CQua	0 – 0 % 1 – Abaixo de 25 % 2 – Entre 25 % e 50 % 3 – Acima de 50 %	Ordinal
Rotação entre funções	RFx	0 – 0 % 1 – Abaixo de 25 % 2 – Entre 25 % e 50 % 3 – Acima de 50 %	Ordinal
Integração de serviços	IntSer	0 – 0 % 1 – Abaixo de 25 % 2 – Entre 25 % e 50 % 3 – Acima de 50 %	Ordinal
Formação profissional contínua	FCont	0 – Nenhuma 1 – Pequena 2 – Alguma 3 – Grande	Ordinal
Atividades de formação adequadas à empresa	FAdeq	0 – Nenhuma 1 – Pequena 2 – Alguma 3 – Grande	Ordinal
Planeamento de formação a longo prazo	PLpr	0 – Nenhuma 1 – Pequena 2 – Alguma 3 – Grande	Ordinal

Variável	Notação Computacional	Valores/Unidades	Tipo de variável
Delegação de funções	Dfx	0 – 0 % 1 – Abaixo de 25 % 2 – Entre 25 % e 50 % 3 – Acima de 50 %	Ordinal
Planeamento semanal do trabalho pelos próprios profissionais	PSem	1 – Sim 2 – Não	Nominal
Avaliação do trabalho pelos próprios profissionais	Avalpp	1 – Sim 2 – Não	Nominal
Introdução de TIC	Tic	0 – 0 % 1 – Abaixo de 25 % 2 – Entre 25 % e 50 % 3 – Acima de 50 %	Ordinal
Introdução de outras formas de novas tecnologias	Tec	0 – 0 % 1 – Abaixo de 25 % 2 – Entre 25 % e 50 % 3 – Acima de 50 %	Ordinal
Tentativas de conquistar novos grupos de consumidores	Ncons	1 – Sim 2 – Não	Nominal
Inovação tecnológica	Inovt	Número de inovações adotadas pela organização num período de 3 anos	Numérica
Inovação organizacional	Inovo	Número de inovações adotadas pela organização num período de 3 anos	Numérica

Anexo VI: Distribuição dos hospitais por agrupamentos, por financiamento por grupos de diagnóstico homogéneos

Grupo I (12)

- Sta. Cruz
- Sta. Marta
- Joaquim Urbano
- Capuchos / Desterro
- Egas Moniz
- Curry Cabral
- Pulido Valente
- D. Estafênia
- Maria Pia
- IPO - Coimbra
- IPO - Lisboa
- IPO - Porto

Grupo II (8)

- Vila Nova de Gaia
- São José
- São João
- Sta. Maria
- H.U. Coimbra
- S. António
- C.H. Coimbra
- S.F. Xavier

Grupo III (22)

- H.D. Anadia
- H.D. Cantanhede
- H.D. Fafe
- P. Varzim e V. Conde
- H.D. Serpa
- H. Ortopédico do Outão
- H.D. Montijo
- H.D. Alcobaça
- H.D. Tondela
- H.D. Macedo de Cavaleiros
- H.D. Ponte de Lima
- H.D. Espinho
- H.D. Ovar
- H.D. Estarreja
- H.D. Peniche
- H.D. Santiago do Cacém
- H.D. Valongo
- H.D. Pombal
- H.D. Seia
- H.D. Amarante
- H.D.S. Tirso

Grupo IV e V (42)

- H.D. Águeda
- H.D. Faro
- H.D. Évora
- H.D. Portalegre
- H.D. Setúbal
- Cova da Beira
- H.D. Tomar
- H.D. Elvas
- H.D. Almada
- H.D. Torres Novas
- Cascais & J. Almeida
- H.D. Castelo Branco
- H.D. Viana do Castelo
- H.D. Barreiro
- H.D. Portimão
- H.D. Beja
- H.D. Braga
- H.D. Santarém
- H.D. Guarda
- H.D. Viseu
- H.D. Figueira da Foz
- H.D. Matosinhos
- H.D. Chaves
- H.D.S. João da Madeira
- C.H. Caldas da Rainha
- V. Real & Peso Régua
- H.D. Bragança
- H.D. Abrantes
- H.D. Lamego
- H.D. Torres Vedras
- H.D. Aveiro
- S. Sebastião
- H.D. Leiria
- H.D. Vila Franca Xira
- H.D. Oliveira de Azeméis
- H.D. Mirandela
- H.D. Barcelos
- H.D. Guimarães
- H.D.V.N. Famalicão
- Mat. Júlio Diniz
- H.D. Vale do Sousa
- Mat. Alfredo da Costa

() Número de hospitais

Fonte: Instituto de Gestão Informática e Financeira da Saúde, 2006.

Anexo VII: Dimensões operacionais da organização de aprendizagem (questionário sobre flexibilidade organizacional e inovação aplicado a hospitais do sector público em Portugal)

Aspecto teórico	Dimensão operacional	Item do questionário
Organização orgânica e integradora	Grupos transversais	5.1.
	Integração de serviços	5.6.
	Delegação de funções	5.5.
	Equipas autogeridas	10.4.
Gestão da qualidade	Ciclos de qualidade	5.2.
	Sistema de recolha de propostas	5.3.
Desenvolvimento humano	Atividades de formação adequadas às empresas	10.7.
	Planeamento da educação a longo prazo	10.8.
Sistema de compensações	Salários baseados em resultados	5.7.
Comunicação externa	Maior cooperação com os utilizadores dos serviços	14.1.
	Maior cooperação com empresas subcontratadas	14.2.
	Maior cooperação com instituições de conhecimento	14.5.

Anexo VIII: Finalidades da inovação (análise de conteúdo das entrevistas a membros do Conselho de Administração de hospitais inovadores)

Unidades de contexto	Categoria	Subcategoria	Definição	n	%
Finalidades da inovação	Mais eficiência e qualidade (curto prazo)	Eficiência de produção	Em vez de uma, fazemos três TAC. E poupamos na auxiliar e nas películas.	3	8,1
		Efetividade do trabalho diário	A nossa inovação não se vê, está na engrenagem da organização. Vê-se só no desempenho. Melhores resultados em tratamento.	6	16,2
	Rede interna e construção de conhecimento (longo prazo)	Cooperação e coordenação na organização	Inovamos na forma como trabalhamos em conjunto. Comunicamos mais e melhor. Novas formas de comunicação entre nós.	4	10,8
		Capacidade de fortalecer e renovar o conhecimento	O nosso conhecimento e *know-how* é o nosso recurso mais precioso. Criamos novos conhecimentos.	8	21,6
	Adaptação ao meio externo (longo prazo)	Capacidade de Adaptação ao Meio Externo	Todos os dias, somos pressionados por mudanças externas	8	21,6
		Responder a novas necessidades do cliente	Inovamos para responder a utilizadores cada vez mais exigentes. As novas necessidades exigem novas soluções.	3	8,1
		Melhor contacto com o utilizador final	Utilizamos novas formas de comunicar com os nossos doentes. Enviamos SMS ao doente.	5	13,6
TOTAL				37	100

Anexo IX: Categorias segundo os fatores de flexibilidade interna (análise de conteúdo das entrevistas a membros do Conselho de Administração de hospitais inovadores)

Unidades de contexto	Categoria	Subcategoria	Definição	n	%
Organização em rede	Enquadramento da inovação na estratégia	Competências nucleares definidas	Temos de nos focar no essencial. O resto subcontratamos.	4	5,3
		Definir áreas de excelência	Áreas de excelência. Manter os serviços excelentes.	5	6,6
		Integração da inovação na cadeia de valor orientada para o utilizador final	Tem de trazer mais valor para o doente. O valor perde-se ao longo das várias linhas de serviços.	8	10,5
		Conjunto de inovações suficientes com pontos de alavancagens	Boa mistura de inovações. Em número suficiente e que se cruzam entre si algures mais à frente.	5	6,6
Interface gestão/ profissionais	Cultura	Intraempreendorismo	Delegação de funções, planeamento pelos profissionais de saúde.	4	5,3
		Avaliação de resultados	A avaliação de resultados permite dar flexibilidade aos profissionais para melhorarem.	6	7,9
		Qualidade e orientação para o utilizador	Nunca perdemos de vista o valor que pode trazer para o doente.	5	6.6
	Estrutura	Coordenação vertical ou descentralização vertical	A maioria da inovação é *bottom-up*. Sem descentralizar o CA fica sem ideias.	6	7,9
		Equipas de projeto	Grupos de trabalho transversais, círculos de qualidade.	8	10,5
Interface contratualização/ profissionais	Processos	Coordenação horizontal ou descentralização horizontal	Identificar horizontalmente a conexão do cliente na rede de atividades.	4	5,3
		Dos fluxos de projetos e atividades	Gestão clínica. Gestão de desempenho individual, equipa e serviço		
Interface comunidade/ serviços		Integração organizacional	Integração de serviços.	4	5,3
			Plataformas tecnológicas comuns a vários serviços.		
		Contratualização interna	Mecanismos de contratualização interna.	8	10,5
		Comunicação interna e gestão de conhecimento	Espaços para a criação de conhecimento e participação dos diferentes atores.	9	11,7

	Processos informacionais e de comunicação.		
	Formação profissional integrada na estratégia do hospital.		
	Conjugar o desenvolvimento profissional com o desenvolvimento organizacional		
Total		76	100

Anexo X: Determinantes das novas formas de organização do trabalho (análise de conteúdo das entrevistas a membros do Conselhos de Administração de hospitais inovadores)

Categorias	Subcategorias	Indicadores	n	%
Relações externas	Competição	A cultura empresarial. *Rankings* dos hospitais. Hospitais privados, e parcerias publico-privadas com tecnologia de ponta.	3	9,7
	Necessidade de melhores contactos com os utilizadores dos serviços	Tecnologias para humanizar os serviços. Novas formas de contactar, como por SMS.	8	25,8
	Necessidade de melhores contactos com os parceiros	Redes com outras empresas melhores do que nós em determinadas áreas. Redes de cooperação.	7	22,6
Inovação	Introdução de novas tecnologias	A inovação tecnológica tem de ser integrada na organização. Implica inovação organizacional.	3	9,7
	Possibilidade de desenvolvimento de produtos ou serviços novos	Se, por um lado, temos inovações que são lançadas pelo CA, a maior parte é apresentada pelos profissionais ao CA, que depois é convencido, ou não.	3	9,7
Desenvolvimento profissional	Necessidade de maior flexibilidade para os profissionais	A inovação é *bottom-up*. Os inovadores são os profissionais. Logo, temos de lhes dar oportunidades e de os apoiar.	5	16,1
	Oportunidade de desenvolvimento de qualificações dos profissionais	Apoiamos os melhores. Apoiamos os profissionais que se esforçam e procuram fazer melhor, ou seja, que inovam.	2	6,4
Total			31	100,0

Anexo XI: Cooperação interorganizacional (análise de conteúdo das entrevistas a membros do Conselho de Administração de hospitais inovadores)

Unidades de contexto	Categoria	Subcategoria	Definição	n	%
Cooperação	Definição de alianças estratégicas amplas	Estratégia comum às várias organizações envolvidas na parceria	A cooperação tem de trazer ganhos mútuos. A estratégia assegura situações *win-win*. A criação de produtos em conjunto é bom para nós, utilizadores, e os produtores.	5	13,5
		Compreender o valor para o utilizador final	Estratégia conjunta para que, no final, a inovação se traduza em valor para o doente.	4	10,8
		Confiança interorganizacional	É preciso confiança entre os parceiros.	6	16,2
	Estabelecer rede de parcerias	Gestão de parcerias	Temos um portefólio de parceiros que gerimos para atingir os nossos objectivos.	3	8,1
		Comunicação	Partilha de instrumentos: comunidades de prática. Estabelecer processos e Infra estrutura de comunicação.	6	16,2
		Gestão do conhecimento	Aprender a inovar. *Benchmarking – best practices*.	8	21,6
	Integrar o desempenho	Monitorização/Avaliação dos resultados da aliança	Monitorizar ao longo da cadeia de valor. Monitorizar os resultados dos esforços conjuntos das várias organizações. Perceber o valor acrescentado para o doente.	5	13,5
TOTAL				37	100,0

ANEXO XII: Estímulos do meio externo à inovação no hospital (análise de conteúdo das entrevistas a membros do Conselho de Administração de hospitais inovadores)

Unidades de contexto	Categoria	Subcategoria	Definição	n	%
Factores do meio externo promotores de inovação (Direção estratégica)	Enquadramento estratégico de inovação em saúde	Definição de uma estratégia nacional de Inovação em saúde	Estratégia nacional e regional que enquadre a estratégia local.	5	8,1
		Apoio a redes de inovação	Estabelecer e sustentar as relações de cumplicidade e confiança. Internacionalização.	8	12,9
	Enquadramento estratégico de Investigação	Definição de uma estratégia nacional de investigação em Saúde	Investigação clínica e de serviços de saúde. Avaliação de tecnologias.	4	6,4
		Apoio a redes de conhecimento/ ação	Associa a produção do conhecimento às nossas decisões e ações. Interligar vários tipos de investigação. Internacionalização.	4	6,4
	Regulação	Novas tecnologias	Regular as novas tecnologias que nos invadem todos os dias.	5	8,1
		Públicos e privados	Regular o que os públicos e os privados fazem.	3	4,8
	Financiamento	Contratualização	A contratualização torna o financiamento mais racional..	8	12,9
		Integração de várias linhas de financiamento	Destruir os silos criados. A fragmentação do financiamento explica a fragmentação do sistema.	3	4,8
	Governo de Informação	Arquitetura de Interoperabilidade	Os diferentes sistemas têm de se cruzar algures à frente.	6	9,7
		Instrumentos de gestão do conhecimento	Há muita informação, mas nenhuma informação tratada. Gerir o conhecimento que criamos.	4	6,4
		Instrumentos de apoio à decisão	Para decidir tenho de ter informação tratada. Preciso de conhecimentos sobre o que se passa aqui e lá fora.	8	12,9
		Convergência	Essa informação interessa a todos, à tutela, a outros hospitais e ao cidadão.	4	6,4
Total				62	100,0

Anexo XIII: Influência da inovação no desempenho organizacional do hospital (análise de conteúdo das entrevistas a membros do Conselho de Administração de hospitais inovadores)

Unidades de contexto	Categoria	Subcategoria	Definição	n	%
Impacto da inovação no desempenho no hospital	Eficiência técnica (foco na estrutura)	Produtividade	Antes fazia um, agora faço três.	3	8,3
		Custo-produção	E poupo na auxiliar e nas películas.	3	8,3
	Qualidade global (foco na cultura)	Qualidade	Acrescentamos qualidade.	5	13,9
		Acesso	Reduzimos a lista de espera.	4	11,1
		Satisfação	Satisfação do doente.	4	11,1
	Melhoria contínua da qualidade (foco na resolução de problemas)	Benefícios	É operada sem dor.	3	8,3
		Custo-efetividade	Efetividade no que fazemos a um custo razoável.	5	13,9
	Valor	Ganhos em saúde	Valor para o utilizador final dos serviços	9	25
TOTAL				36	100,0

Anexo XIV: Pontos fortes do sistema de saúde para a promoção da inovação (análise por técnica de grupo nominal de grupo de peritos sobre inovação no sistema de saúde)

Categorias	Subcategorias	Indicadores
Flexibilidade interna		
Cultura	Cultura da organização	Cultura empresarial
		Cultura de inovação
		Empreendedorismo público
	Cultura profissional orientada para a qualidade	Apetência e motivação dos profissionais pela melhoria da qualidade do serviço
		Adesão dos profissionais a projetos de mudança, promovendo mudanças comportamentais e de práticas
Estrutura	Organização horizontal (trabalho em equipa)	Capacidade de trabalho em equipa
		Existência de competências de "banda larga", que permanecem muito tempo no sector
		Existência de grupos multiprofissionais nos hospitais
Processos	Gestão	Processo de empresarialização dos hospitais, que permite outras práticas de gestão
		Inovação na gestão da logística hospitalar
		Inovação que promova a inovação, incentivando o desenvolvimento pessoal e organizacional
	Desenvolvimento profissional	Diferenciação dos profissionais
		Qualidade técnica dos profissionais
		Capacidade de adaptação dos profissionais à mudança
Flexibilidade externa		
Meio Externo	Especificidades do sector da saúde	Sector da saúde que é alvo da maior parte do investimento público, relativamente aos restantes sectores e proporcionalmente a outros países
		Crise contínua no sector que proporciona oportunidades de mudança
		Credibilidade dos hospitais
		Equidade do sistema na prestação de cuidados de saúde
Tecnologias	Tecnologias	Sector onde tecnologicamente mais se inova
		Existência de competição em sectores/técnicas de ponta, alavancando a inovação
Cooperação interorganizacional	Estratégias conjuntas	Existência de alianças estratégicas com universidades/outros organismos
	Redes de inovação	Existência de nichos de excelência, que poderão constituir um estímulo à inovação

ANEXO XV: Pontos fracos do sistema de saúde para a promoção da inovação (análise por técnica de grupo nominal de grupo de peritos sobre inovação no sistema de saúde)

Dimensões	Categorias	Indicadores
Flexibilidade interna		
Cultura	Cultura	Corporativismo público
		Pouca orientação para o cliente
Estrutura	Estrutura	Reduzida capacidade de liderança nos hospitais
		Dificuldade de trabalhar em equipa: existência de dois poderes paralelos (técnico e gestionário)
Processos	Sistema de informação e comunicação	Falta de sistemas de informação integrados que facilitem a comunicação interna
		Fraco sistema de avaliação de desempenho global (pessoas e resultados da organização)
	Desenvolvimento e qualificações profissionais	Desresponsabilização dos profissionais
		Criatividade e inovação que não são valorizadas na gestão de recursos humanos
Flexibilidade externa		
Meio Externo	Especificidades do sector da saúde	Existência do terceiro pagador
		Duplo emprego dos profissionais de saúde, o que dificulta a inovação e a gestão
	Desenvolvimento tecnológico	Sector mais difícil de gerir: a inovação vem de fora do sistema criando uma maior dificuldade de previsão dos riscos financeiros e económicos
		Pressão externa do sector económico tradicional, o que inibe a inovação
		Pressão da inovação tecnológica
	Governação da saúde	Pressão política
		Existência de instrumentos legislativos que não são ainda suficientemente aproveitados
Cooperação interorganizacional	Estratégia nacional de inovação em saúde	Não existem linhas de inovação prioritárias, com vista ao desenvolvimento de nichos de excelência
		Desarticulação no planeamento de cuidados de saúde, não havendo estratégias concertadas e gestão de meios integrada
		Dificuldade de tradução da estratégia em operações que garantam posteriormente a sua monitorização
	Redes de apoio à inovação (gestão do conhecimento)	Curva de aprendizagem muito baixa, quer em processos tecnológicos, quer organizacionais
		Relação reduzida entre hospitais e a ciência (universidades, centros de investigação, etc.), para criação de inovação
		Pouca disseminação da aprendizagem existente nos nichos de excelência existentes
	Sistema de informação Comunicação entre parceiros	Falta de comunicação e existência de linguagens diferentes entre os diferentes atores do sector
		Opacidade e falta de transparência no sistema
		Falta de um sistema de informação integrado e minimamente uniformizado que permita desenvolver comparações entre hospitais

Anexo XVI: Enumeração de medidas de promoção da inovação (análise por técnica de grupo nominal de grupo de peritos sobre inovação no sistema de saúde)

O grupo de peritos estabeleceu um conjunto de medidas a tomar, de modo a assegurar a capacidade de inovação dos hospitais:

A. Planeamento dinâmico, evitando duplicações de recursos e permitindo uma articulação regional: criação de mecanismos que permitam uma gestão dinâmica (por ex.: índice de sustentabilidade de um determinado serviço, que possa, por exemplo, determinar o seu encerramento de forma "automática");

B. Gestão por objetivos, com monitorização dinâmica (avaliar face à posição de partida), clara e efetiva dos indicadores de desempenho assistencial, indicadores de qualidade e acessibilidade, indicadores de desempenho económico-financeiros e a consequente aplicação de medidas corretivas;

C. Valorização da inovação como um instrumento estratégico dinamizador dos serviços e do desenvolvimento profissional, comunicando e disseminando a informação por toda a organização e todo o sistema de saúde;

D. Fluxos e sistemas de informação transparentes, isentos, seguros e auditáveis baseados em conceitos uniformes entre instituições que potenciem, a prazo, a medição de resultados e a criação de hospitais sem papel;

E. Revisão do enquadramento dos profissionais de saúde dentro das instituições: flexibilização e racionalização da gestão dos recursos humanos e manutenção do equilíbrio na estrutura (clínica e administrativa);

F. Investimento na formação e no desenvolvimento dos profissionais enquadrada com os objetivos estratégicos da organização e de acordo com um projeto de desenvolvimento profissional;

G. Mudança do paradigma assistencial no sentido de funcionar em função do cliente: qualidade, segurança e humanidade (organização que tenha em conta o doente); conhecimento das necessidades e aumento da monitorização da satisfação dos utilizadores dos serviços;

H. Continuação do investimento na maior concentração de unidades hospitalares, criando maior escala, com maior concentração da gestão e permitindo a descentralização na estrutura, com maior responsabilização;

I. Articulação com as entidades a montante, a jusante e com outras organizações (científicas e universitárias), focalizando o hospital na doença aguda;

J. Criação de mecanismos que permitam aumentar a literacia da população em saúde;

K. Desenvolvimento da inovação com base em projetos e programas que possam ser medidos e avaliados (por exemplo criando um "extrato" de benefícios);

L. Incentivo e pagamento das instituições com base em resultados, numa perspetiva de continuum de cuidados.

ANEXO XVII: Apresentação das medidas de promoção da inovação por categorias (análise por técnica de grupo nominal de grupo de peritos sobre inovação no sistema de saúde)

Dimensões	Categorias	Indicadores
Flexibilidade organizacional		
Interface gestão/ profissionais	Achatamento da estrutura	Continuar a investir na maior concentração de unidades hospitalares, criando maior escala, com maior concentração da gestão descentralizada na estrutura, com maior responsabilização.
	Avaliação de resultados	Gestão por objetivos, com monitorização dinâmica (avaliação face à posição de partida) clara e efetiva dos indicadores de desempenho.
	Desenvolvimento profissional	Investimento na formação e no desenvolvimento dos profissionais enquadrada com os objetivos estratégicos da organização e de acordo com projeto de desenvolvimento profissional.
	Flexibilidade na gestão de recursos humanos	Revisão do enquadramento dos profissionais de saúde dentro das instituições: flexibilização e racionalização da gestão dos recursos humanos e manutenção do equilíbrio na estrutura (clínica e administrativa).
Promoção da inovação	Orientação para o utilizador final	Mudança do paradigma assistencial no sentido de funcionar em função do cliente: qualidade, segurança e humanidade (organização centrada no doente). Conhecimento das necessidades e aumento da monitorização da satisfação dos clientes.
	Avaliação e comunicação de resultados	Valorização da inovação como instrumento estratégico dinamizador dos serviços e do desenvolvimento profissional, comunicando e disseminando a informação por toda a organização e todo o sistema.
	Gestão de projetos de inovação	Desenvolvimento da inovação com base em projetos e programas que possam ser medidos e avaliados (por exemplo criando um "extrato" de benefícios).
Meio Externo		
Análise e direção estratégica	Direção estratégica	Planeamento dinâmico, evitando duplicações de recursos e permitindo a articulação regional: criação de mecanismos que permitam uma gestão dinâmica.
Interface comunidades/ serviço	Redes de proximidade	Criação de mecanismos que permitam aumentar a literacia da população em saúde.
	Redes de cooperação	Articulação com as entidades a montante e a jusante focalizando o hospital na doença aguda.
Redes de conhecimento	Redes de conhecimento	Articulação com organizações científicas e universitárias.
Governo da informação	Sistema de informação	Fluxos e sistemas de informação transparentes, isentos, seguros e auditáveis, com base em conceitos uniformes entre instituições que potenciem, a prazo, a medição de resultados.
Financiamento	Contratualização	Incentivo e pagamento das instituições com base em resultados, numa perspetiva de continuum de cuidados.

ÍNDICE

Agradecimentos	7
Prefácio	9
Introdução	13
Modelo de inovação em saúde	27
Investigação em sistemas de saúde	37
O poder da inovação em saúde	51
A nova natureza da inovação	67
Organizações de aprendizagem	81
Novas competências	95
Flexibilidade estratégica	107
O valor em saúde	119
Medidas de promoção da inovação	133
Criar o futuro do sistema de saúde	149
Implicações	165
Referências	179
Anexos	187